DU MÊME AUTEUR.

ETUDES D'HISTOIRE RELIGIEUSE

3e édition. — Un beau volume in-8.

ESSAIS DE MORALE ET DE CRITIQUE

Sous presse. — Un beau volume in-8.

HISTOIRE ET SYSTÈME COMPARÉS DES LANGUES SÉMITIQUES

Sous presse. — Tome 1er. — 2e édit. — Un beau vol. grand in-8.

AVERROÈS ET L'AVERROÏSME

Essai historique

Un beau volume in-8.

PARIS. — IMPRIMÉ CHEZ BONAVENTURE ET DUCESSOIS,
quai des Augustins.

DE L'ORIGINE
DU LANGAGE

PAR

ERNEST RENAN

MEMBRE DE L'INSTITUT

DEUXIÈME ÉDITION

REVUE ET CONSIDÉRABLEMENT AUGMENTÉE

PARIS

MICHEL LÉVY, FRÈRES, LIBRAIRES ÉDITEURS,

RUE VIVIENNE, 2 BIS

1858

PRÉFACE

L'essai que je réimprime en ce moment parut pour la première fois en 1848. Je m'étais proposé, en l'écrivant, d'appliquer à l'un des problèmes que d'ordinaire on essaie de résoudre par des considérations abstraites les résultats obtenus de notre temps par la science comparée des langues. C'est ce qui explique la façon un peu scolastique dont le problème y est posé, certaines allures qui rappellent plutôt la manière des philosophes que celle des philologues, et l'union disparate peut-être des vieilles données de la psychologie et des nouvelles découvertes de la linguistique. Malgré l'inconvénient de ces sortes d'écrits, intermédiaires entre deux méthodes, et où deux classes de lecteurs trouvent tour à tour leurs habitudes dérangées, mon essai fut accueilli avec une indulgence qui m'encourage à le reproduire aujourd'hui, en y faisant quelques changements et de notables additions.

Le titre soulèvera peut-être les objections des personnes accoutumées à prendre la science par le côté positif, et qui ne voient jamais sans appréhension les études de fondation récente chercher à résoudre les problèmes légués par l'ancienne philosophie. Je suis bien aise de m'abriter à cet égard derrière l'autorité d'un des fondateurs de la philologie comparée, M. Jacob

PRÉFACE.

Grimm. Dans un mémoire publié en 1852, sur le même sujet et sous le même titre que le mien[1], l'illustre linguiste s'est attaché à établir la possibilité de résoudre un tel problème d'une manière scientifique. Ainsi qu'il le fait remarquer, si le langage avait été conféré à l'homme comme un don céleste créé sans lui et hors de lui, la science n'aurait ni le droit ni le moyen d'en rechercher l'origine ; mais si le langage est l'œuvre de la nature humaine, s'il présente une marche et un développement réguliers, il est possible d'arriver par de légitimes inductions jusqu'à son berceau. On objectera peut-être l'exemple des botanistes et des zoologistes, qui bornent leur tâche à décrire les espèces actuellement existan-

---

[1] *Ueber den Ursprung der Sprache*, Berlin, Dümmler, 1852 (tiré des Mémoires de l'Académie de Berlin pour 1851) p. 10 et suiv. et p. 54-55.

tes, et s'abstiennent de disserter sur leur origine. Sans examiner si le problème de la formation des espèces est étranger à la science — je pense, pour ma part, que l'interdiction dont l'histoire naturelle semble l'avoir frappé tient à la timidité des méthodes, à l'absence d'une expérimentation régulière et au peu d'esprit philosophique de la plupart des naturalistes, — maintenons du moins ce principe essentiel, que nulle parité ne saurait être établie entre la question de l'origine des espèces vivantes et celle de l'origine du langage. Depuis l'époque où elles sont devenues l'objet d'une observation suivie, les espèces de plantes et d'animaux n'ont presque pas d'histoire : pour prendre les termes de la scolastique, on les étudie dans leur *esse*, non dans leur *fieri*. Il n'en est pas de même du langage : le langage ne doit point être comparé à l'espèce, immuable par son essence, mais à l'individu, qui se renouvelle sans cesse. La loi de son développement est une courbe dont la plus grande partie se déroule dans l'inconnu, mais dont nous apercevons une fraction assez considérable pour qu'il soit possible d'en assigner l'équation et d'en découvrir le foyer.

Si quelque chose, du reste, m'a encouragé à présenter de nouveau au public un essai dont je connais les imperfections, ç'a été de trouver une entière conformité entre les vues qui y sont exprimées et celles du savant philologue que je nommais tout à l'heure. Le mémoire de M. Grimm est d'accord avec le mien sur tous les points essentiels. L'objet principal que s'y propose l'auteur est de réfuter une thèse que j'ai moins longuement combattue, parce que je la crois par son principe même en dehors du terrain scientifique, la thèse de la révélation du langage. Jamais on ne l'a fait avec autant de force et de développement[1]. J'avoue même que M. Grimm me paraît aller un peu trop loin dans sa réaction contre l'hypothèse théologique. Certes, il est impossible d'admettre en aucune mesure la révélation du langage comme l'entendait M. de Bonald, par exemple ; mais M. Grimm emploie des expressions si fortes pour présenter le langage comme l'œuvre de l'homme[2], qu'on serait tenté de le ranger parmi les partisans de l'invention libre et réfléchie. Non-seulement il ne veut reconnaître dans le langage rien d'inné ni d'imposé à l'homme; mais il y découvre un progrès artificiel, résultant de l'expérience et du temps. Il croit volontiers à

---

[1] Voir, en particulier, p. 12 et suiv., p. 23 et suiv.
[2] Ein menschliches, in unsrer Geschichte und Freiheit beruhendes, nicht plœtzlich sondern stufenweise zu Stande gebrachtes Werk (page 12).

un état monosyllabique et sans flexions, où le matériel de la langue se serait borné à *quelques centaines de racines*[1]. La formation des flexions lui paraît un second moment dans l'histoire du langage; les flexions sont toutes pour lui des mots exprimant des idées sensibles, qui se sont agglutinés à la fin des radicaux, et ont perdu leur sens primitif pour ne plus être que de simples indices de rapports[2]. Il compte ainsi trois âges dans le développement du langage : — un premier âge de simplicité et de pauvreté, dont le chinois nous présente encore les traits essentiels; — un second âge, qui fut celui des flexions synthétiques, où les relations des idées étaient exprimées par des mots parasites attachés à la suite du radical et ne faisant qu'un avec lui, comme cela

---

[1] Page 37 et suiv., 41, 47.
[2] Page 38-39, 45.

a lieu en sanscrit, en grec, en latin ; — un troisième âge, où le peuple, incapable d'observer une grammaire aussi savante, brise l'unité du mot fléchi, et préfère l'arrangement inverse des parties de l'expression. Dans le second âge, le mot vide, qui sert d'expression aux rapports, a produit la flexion en se rangeant à la suite du radical ; maintenant la flexion tombe, et la particule se place comme un mot distinct devant le terme qu'elle modifie : ainsi procèdent les langues romanes et les langues analytiques en général.

Je suis pleinement d'accord avec M. Grimm sur le second et le troisième des états qu'il essaie de caractériser : la marche depuis longtemps constatée de la synthèse à l'analyse est l'un des principes qui servent de base à mon essai. Quant au premier état monosyllabique, où les mots se seraient en quelque sorte juxtaposés sans ciment, il m'est impossible de l'admettre. M. Grimm reconnaît avec tous les linguistes que plus on remonte dans l'histoire des langues, plus on les trouve synthétiques, riches et compliquées ; mais il se refuse à suivre l'induction jusqu'au bout. Au lieu de conclure de cette progression que le langage primitif, si nous pouvions le connaître, serait l'exubérance même, il s'arrête et suppose avant la période synthétique une période d'enfance, dont aucun fait positif ne prouve la réalité. Je ne pense pas qu'il soit permis d'échapper ainsi aux analogies : l'esprit humain n'a pas de ces brusques revirements ; ses lois s'exercent d'une manière continue. La marche des langues vers l'analyse correspond à la marche de l'esprit humain vers une réflexion de plus en plus claire ; cette tendance commune de l'esprit humain et du langage a existé dès le premier jour : c'est donc au premier jour qu'il faut placer le plus haut degré de synthèse. J'admets avec M. Bopp et M. Grimm que la plupart des flexions (il serait téméraire de dire toutes) doivent leur origine à des particules qui se sont attachées à la fin des mots [1]; mais on n'est point autorisé à conclure de là qu'à une certaine époque cette agglutination n'avait pas encore lieu. L'opération par laquelle nous séparons les particules du radical est une analyse purement logique : il est probable que dans le langage de l'homme primitif, ainsi que cela a lieu dans celui de l'enfant, l'expression de la pensée se produisait comme un ensemble et sous la forme d'une riche complexité.

Ce qui amène si souvent les linguistes à envisager le monosyllabisme élémentaire des Chinois

---

[1] Voir sur ce sujet un très-bon article de M. Benfey dans l'*Allgemeine Monatsschrift* de Kiel, janv. et oct. 1854.

comme l'état primitif de toutes les langues, c'est le penchant qui nous porte à regarder la simplicité comme l'indice d'un état d'enfance ou du moins comme le caractère d'une haute antiquité. Mais c'est là une erreur dont la philologie doit se garder. Le chinois, tout monosyllabique qu'il est, a servi d'organe à une civilisation très-développée : au contraire, les langues des sauvages de l'Amérique, celles des habitants de l'Afrique centrale et méridionale, qui commencent à fournir à la science des révélations inattendues, offrent une richesse grammaticale vraiment surprenante[1]. D'après l'hypothèse de M. Grimm, il faudrait supposer chez ces derniers peuples un puissant effort qui, à une certaine époque, les aurait fait sortir de l'enfance pour passer à la réflexion. Le système

---

[1] Cf. Pott, *Die Ungleichheit menschlicher Rassen* (Lemgo et Detmold, 1856), p. 86 et suiv.

grammatical des Hottentots étant beaucoup plus avancé que celui des Chinois, on devrait admettre que les Hottentots ont fait plus de pas que les Chinois dans la voie du développement intellectuel, et sont plus loin de leur état primitif. C'est là une conséquence impossible à soutenir. Les races sauvages sont toujours restées en dehors des révolutions fécondes qui sont le signe de noblesse des peuples civilisés : si elles eussent été une seule fois capables d'un effort décisif, elles ne seraient pas maintenant si radicalement impuissantes pour toute organisation et tout progrès.

Chaque famille de langues a sa marche tracée non par une loi absolue et identique pour toutes, mais par les nécessités de sa structure intime et de son génie. Les langues qui ont été monosyllabiques à l'origine, c'est-à-dire les langues de l'Asie orientale, n'ont jamais perdu l'empreinte de leur état natif. Quelques-unes de ces langues, telles que le tibétain, le barman et certaines langues de la péninsule transgangétique, ont effectué un véritable progrès vers le polysyllabisme grammatical; mais un abîme les sépare encore des langues vraiment grammaticales. On sent que si jamais les langues indo-européennes ou les langues sémitiques avaient traversé un pareil état, elles n'auraient pas su mieux que les idiomes dont nous venons de parler arriver à la grammaire, et surtout qu'elles n'auraient point atteint le degré de flexibilité grammaticale où nous les voyons parvenues dès la plus haute antiquité. En général, M. Grimm paraît avoir composé son essai uniquement en vue des langues indo-européennes, dont il a lui-même tant contribué à dresser la théorie générale. S'il avait plus étendu le cercle de ses comparaisons, il serait, je crois, arrivé à des vues moins systématiques et moins absolues.

Je persiste donc, après dix ans de nouvelles études, à envisager le langage comme formé d'un seul coup, et comme sorti instantanément du génie de chaque race. Des restrictions sont nécessaires pour qu'une telle formule ne soit point entendue d'une manière erronée, et ces restrictions, je les indiquerai tout à l'heure; mais le principe lui-même me paraît vrai dans sa généralité. Bien qu'arrivé peu à peu à la pleine évolution de toutes ses puissances, le langage fut intégralement constitué dès le premier jour; de même que, dans le bouton de fleur, la fleur est tout entière avec ses parties essentielles, quoique ces parties soient loin d'avoir atteint leur complet épanouissement.

Un fait semble contredire l'opinion que je

viens d'exposer, et m'oblige d'abord à entrer dans quelques explications. Nous voyons parfois de grandes familles humaines parler des langues entièrement dissemblables, bien qu'on ne remarque entre elles, au point de vue physiologique, aucune différence fondamentale. Ainsi l'anthropologie n'aurait point été amenée à la distinction des peuples indo-européens et des peuples sémitiques, si l'étude des langues n'avait démontré que l'hébreu, le syriaque, l'arabe d'une part, le sanscrit, le grec, les langues germaniques, etc., d'autre part, constituent deux ensembles irréductibles[1]. L'hypothèse la plus naturelle qui se présente pour expliquer un tel phénomène est de supposer qu'une race unique, sortie d'un même berceau, s'est scindée en deux branches

[1] Voir mon *Histoire générale des langues sémitiques*, l. V, c. II.

avant de posséder un langage définitif. Ce qui semble confirmer cette hypothèse, c'est que les deux systèmes de langues dont nous parlons, quoique tout à fait distincts, ne laissent pas d'offrir un certain air de famille, à peu près comme deux jumeaux qui auraient grandi à une petite distance l'un de l'autre, puis se seraient séparés tout à fait vers l'âge de quatre ou cinq ans[1]. Le langage apparaît ainsi comme un second moment dans l'existence de l'humanité, et on est amené malgré soi à admettre une période où les

---

[1] M. Littré (*Revue des Deux Mondes*, 1er *juillet* 1857) a récemment élevé des doutes sur la légitimité d'une pareille hypothèse. « Le langage, dit-il, résulte de deux éléments, les aptitudes de l'esprit humain et le spectacle de la nature. Il suit de là que deux groupes d'hommes appartenant à une même race et habitant un même lieu ne peuvent pas avoir un langage de caractère dissemblable, puisque l'aptitude qui perçoit les impressions et les impressions qui mettent en jeu l'aptitude sont identiques. » Je ne puis adopter ce raisonnement. Deux frères, créant le langage à un quart de lieue l'un de l'autre et sans contact, le créeraient très-différent : il y a en effet dans le langage, indépendamment des deux éléments

Ariens et les Sémites vivaient ensemble sans langage régulier, ou tout au plus avec le germe rudimentaire de ce qui est devenu plus tard le système indo-européen et le système sémitique.

Assurément c'est là une induction dont il faut tenir grand compte. Lorsqu'on se hasarde à parler des premiers jours de l'humanité, rien ne doit être entendu à la lettre : cette expression de *premiers jours* n'est elle-même qu'une métaphore pour désigner un état plus ou moins long durant lequel s'accomplit le mystère de l'apparition de la conscience. Les formules générales qu'on em-

---

très-bien signalés par M. Littré, une part de volonté libre et de latitude qui suffit pour amener d'énormes diversités. Le langage n'est nécessaire que dans ses lois essentielles; tout y a eu sa raison, mais cette raison n'a jamais été exclusive. L'Arien primitif a eu un motif pour appeler le frère *bhratr* ou *fratr*, et le Sémite pour l'appeler *ah* : peut-on dire que cette différence résulte ou des aptitudes différentes de leur esprit, ou du spectacle extérieur? Chaque objet, les circonstances restant les mêmes, a été susceptible d'une foule de dénominations : le choix qui a été fait de l'une d'elles tient à des causes impossibles à saisir.

ploie pour expliquer les phénomènes primitifs ne doivent point faire illusion sur ce qu'il y eut de particulier et presque de fortuit dans ces phénomènes. Quelques jours, quelques heures furent alors décisives : deux tribus sœurs, habitant sur les versants opposés de la même montagne, purent devenir la souche de deux races, et imposer par la création de deux grammaires différentes leur individualité aux générations futures. La seule chose qui me semble incontestable, c'est que l'invention du langage ne fut point le résultat d'un long tâtonnement, mais d'une intuition primitive, qui révéla à chaque race la coupe générale de son discours et le grand compromis qu'elle dut prendre une fois pour toutes avec sa pensée.

C'est sous des réserves analogues que je crois devoir maintenir comme trait essentiel du développement initial du langage l'absence de toute réflexion, la spontanéité. L'explication qui est nécessaire pour conserver à ce mot toute sa vérité ne s'applique pas seulement au langage; elle doit être rappelée toutes les fois qu'il s'agit des œuvres primitives de l'humanité. Un des progrès les plus importants accomplis par la critique en notre siècle c'est d'avoir entrevu le caractère impersonnel des grandes créations de la haute antiquité. On ne parle plus d'Homère comme d'un écrivain composant artificiellement les deux poëmes qui portent son nom; de Lycurgue, comme d'un législateur dressant, de son autorité privée, le Code que par d'habiles stratagèmes il aurait réussi à rendre obligatoire à tout jamais. L'Iliade et l'Odyssée sont pour nous l'expression pure du génie de la Grèce héroïque; les lois de Lycurgue sont les anciennes institutions doriennes, amenées à un degré extraordinaire de conséquence et de ténacité. C'est là une rectification considérable apportée aux idées de l'ancienne école. Mais il faut, d'un autre côté, se garder de prendre à la lettre les formules un peu vagues qu'on s'est habitué à employer pour ces sortes de sujets. L'œuvre spontanée est l'œuvre de la foule, parce que les sentiments de tous s'y expriment ; mais ces sentiments ont eu un individu pour interprète. Il y a eu un Lycurgue, il y a eu un Homère[1] ; mais le premier n'a fait

---

[1] Ou du moins un rédacteur des poëmes homériques, quel qu'ait été son nom. J'incline à croire que le nom d'Ὅμηρος est un nom générique pour désigner un recueil de poésie ou le compilateur de ce recueil. M. Holtzmann en a rapproché, d'une manière conjecturale il est vrai, le sanscrit *Samdsa*, qui désigne un certain genre d'exposition des fables antiques par opposition au *Vyâsa* : on sait que ce second mot est devenu dans la tradition indienne un personnage avec une légende développée. Cf. *Zeitschrift für vergleichende Sprachforschung* de Kuhn, t. I, p. 483 et suiv. Il est difficile en tous cas, et les anciens l'avaient déjà aperçu, de méconnaître dans la première syllabe du nom d'Homère le radical ὁμ (ὁμός, ὁμοῦ, sanscr. *sama*), qui mène à l'idée de compilation. V. Pott. *Etym. Forsch.* II, p. 260.

que consacrer en un système plus rigoureux les anciennes lois de sa nation; le second n'a fait que donner un corps aux inspirations de l'antique muse hellénique. De part ni d'autre il n'y a eu invention personnelle, comme chez Virgile ou chez les législateurs des époques philosophiques. Les poésies populaires elles-mêmes, qui sont si essentiellement anonymes, ont toujours eu un auteur; seulement, cet auteur n'ayant point laissé la trace de son individualité, on peut dire avec justesse qu'elles sont l'œuvre de tous. La personne du poëte primitif est de même un fait secondaire, puisque le poëte aux époques spontanées ne se met pas dans ses œuvres, et que la beauté de ses chants est indépendante de lui. On peut dire que de pareilles productions sont anonymes, même lorsqu'on connaît les syllabes du nom de l'auteur. Nous savons les auteurs ou du moins les familles auxquelles appartient chacun des hymnes du Rig-Véda, et pourtant ces hymnes peuvent compter au nombre des créations les plus impersonnelles qui existent.

Il en faut dire autant du langage. Plus on pénétrera dans la connaissance de la haute antiquité des peuples ariens et sémitiques, plus on verra se dessiner dans l'apparente uniformité du monde primitif des figures de sages, d'initiateurs, de prophètes sans nom, auxquels les lois, les mœurs, les institutions de la vie civile et religieuse, les poésies sacrées se rattacheront comme à leurs inspirateurs. Derrière le langage, on verra de même le *Richi*, le sage primitif, interprète du génie de sa race ; on reconnaîtra l'influence de certaines corporations, de certaines familles privilégiées ; on trouvera l'école remontant presque à l'origine du monde. Ce qui paraît l'œuvre de tous a été en réalité l'œuvre d'un petit nombre, en qui se personnifiait l'esprit de tous. Il est certain qu'on ne comprend pas l'organisation du langage sans une action d'hommes d'élite, exerçant une certaine autorité autour d'eux et capables d'imposer aux autres ce qu'ils croyaient le meilleur. L'aristocratie des sages fut la loi de l'humanité naissante; le levain qui a produit la civilisation a pu fermenter d'abord dans un nombre presque imperceptible de têtes prédestinées.

Une observation, dont le germe appartient à M. Grimm[1], nous met sur la trace de la part diverse que les individus ont pu avoir, selon leur nature ou leur aptitude, dans la formation du langage. Plus les langues sont anciennes, plus la

---

[1] Mém. cité, p. 35.

distinction des flexions féminines et masculines y est marquée : rien ne le prouve mieux que le penchant, inexplicable pour nous, qui porta les peuples primitifs à supposer un sexe à tous les êtres, même inanimés. Une langue formée de nos jours supprimerait le genre en dehors des cas où il est question de l'homme ou de la femme, et même alors pourrait très-bien s'en passer : l'anglais est arrivé sous ce rapport au plus haut degré de simplification, et il est surprenant que le français, en abandonnant des mécanismes plus importants du latin, n'ait pas laissé tomber celui dont nous parlons. M. Grimm conclut de là que les femmes durent exercer dans la création du langage une action distincte de celle des hommes. La vie extérieure des femmes, que la civilisation tend à rapprocher de plus en plus de celle des hommes, en était à l'origine totalement séparée, et une réunion de femmes était très-différente sous le rapport intellectuel d'une réunion d'hommes. De nos jours, le pronom et le verbe n'ayant conservé à la première personne, dans la plupart des langues, aucune trace de genre, le langage d'une femme ne diffère grammaticalement de celui d'un homme que par le genre des adjectifs et des participes qu'elle emploie en parlant d'elle-même. Mais à l'origine la différence dut être bien plus forte, ainsi que cela a lieu encore dans certains pays de l'Afrique. Pour que l'homme en s'adressant à la femme ou en parlant de la femme se soit cru obligé d'employer des flexions particulières, il faut que la femme ait commencé par avoir certaines flexions à son usage. Or, si la femme employa tout d'abord certaines flexions de préférence à d'autres, et provoqua ces flexions chez ceux qui lui parlaient, c'est qu'elles étaient plus conformes à ses habitudes de prononciation et aux sentiments que sa vue faisait naître. C'est ainsi que dans les drames hindous les hommes parlent sanscrit et les femprâkrit. Si l'*a* et l'*i* sont les voyelles caractéristiques du féminin dans toutes les langues, c'est sans doute parce que ces voyelles sont mieux accommodées que les sons virils *o* et *ou* à l'organe féminin. Un commentateur indien expliquant le v. 10 du livre III de Manou, où il est commandé de donner aux femmes des noms agréables et qui ne signifient rien que de doux, recommande en particulier de faire en sorte que ces noms renferment beaucoup d'*a*.

Cet exemple me paraît propre à faire comprendre comment, dans le travail complexe du langage, les divers instincts, et, si j'ose le dire, les diverses classes de l'humanité ont eu leur part d'influence.

L'unité du langage est comme celle de l'humanité elle-même, la résultante d'éléments très-divers; et pourtant, à n'envisager que l'ensemble, il est permis d'appeler cette résultante une œuvre indivise et spontanée. De même que, dans les créations du génie, l'élaboration pénible des détails est dissimulée par l'inspiration générale qui fait vivre le tout, si bien que les personnes peu familiarisées avec l'art d'écrire sont tentées de prendre pour des productions faciles et coulées d'un seul trait les œuvres qui ont coûté le plus d'efforts et de combinaisons; de même, l'entière spontanéité de l'apparition du langage n'exclut pas les essais obscurs, les retouches, la coopération de plusieurs. Si nous avions assisté à la composition des poëmes homériques, que de tâtonnements et de ratures n'y apercevrions-nous pas ! Cela empêche-t-il les poëmes homériques d'être les types les plus parfaits de la poésie spontanée?

Il me reste à dire quelques mots des autres écrits qui ont paru sur le sujet qui m'occupe depuis l'époque où fut publié le présent essai.

Un jeune savant de Berlin, doué d'une grande activité d'esprit, M. Steinthal, s'est occupé dans ces dernières années du problème de l'origine du langage avec beaucoup de suite et de résolution[1]. L'auteur paraît plus porté vers les considérations abstraites et purement psychologiques que vers les recherches d'histoire et de philologie : ses aperçus s'évanouissent parfois à force de subtilité et de formalisme. J'en reproduirai

---

[1] *Der Ursprung der Sprache* (Berlin, 1851). Dans cet opuscule, l'auteur s'est surtout proposé de comparer les vues de Herder et de Hamann à celles de G. de Humboldt, afin de montrer la supériorité de ce dernier. L'exposé complet de son opinion se lit dans *Grammatik, Logik und Psychologie* (Berlin, 1855), p. 226-340. On peut lire du même auteur *Die Classification der Sprachen dargestellt als die Entwickelung der Sprachidee* (Berlin, 1850) et deux articles dans les *Wissenschaftliche Beilage der Leipziger Zeitung*, 23 et 27 nov. 1856.

cependant l'ensemble en me servant autant que possible des expressions mêmes de l'auteur.

M. Steinthal pense comme nous que le langage n'a pas été créé de dessein prémédité, avec une conscience distincte de la fin et des moyens, mais qu'il naît dans l'âme, à un certain degré du développement de la vie psychologique, d'une manière nécessaire et pour ainsi dire aveugle[1]. Le moment où le langage sort ainsi de l'âme humaine et apparaît au jour constitue une époque dans le développement de la vie de l'esprit; c'est le moment où les intuitions (*Anschauungen*) se changent en idées (*Vorstellungen*). Les choses apparaissent d'abord à l'esprit dans la complexité même du réel; l'abstraction est inconnue à l'homme primitif. Le langage apparaît lorsque l'analyse se fait jour dans l'âme et cherche à

---

[1] *Der Ursprung der Sprache*, p. 17 et suiv.

disséquer l'intuition totale en ses divers éléments. A la vue, par exemple, d'un cheval au galop, d'une plaine blanche de neige, l'homme se forma d'abord une image indivise : la course et le cheval ne faisaient qu'un ; la neige et la blancheur étaient inséparables. Mais par le langage l'acte de la course fut distingué de l'être qui court, la couleur fut séparée de la chose colorée. Chacun de ces deux éléments se trouva fixé dans un mot isolé, et le mot désigna ainsi un démembrement de l'idée complète. A un autre point de vue, cependant, le mot est plus étendu que l'idée : le mot *blanc*, par exemple, n'exprime pas seulement un caractère de la neige, mais un trait de toutes les choses blanches ; sa signification est donc plus indéterminée et plus abstraite que l'intuition de la neige blanche. L'intuition embrasse toujours un être ou une chose dans un état accidentel ; le mot, au contraire, désigne la chose abstraction faite de ce caractère accidentel, et d'une manière générale qui convienne également à toutes les situations où elle peut se trouver.

La transformation des intuitions en idées constitue ainsi, selon M. Steinthal, l'essence et l'apparition même de la parole. La marche intellectuelle que cette transformation suppose chez les hommes primitifs a lieu dans chaque enfant à l'époque où il se forme son langage, et se reproduit d'une manière permanente en chacun de nous, au moment où nous parlons; parler c'est toujours transformer des intuitions en idées. Le langage n'est donc point apparu à un moment déterminé de l'histoire, comme les inventions de l'esprit humain; il naît (*entsteht*) à l'instant où l'on parle; son essence est de naître éternellement. Les mêmes lois psychologiques qui, encore aujourd'hui, produisent le langage dans l'homme adulte sont celles qui agissent lorsque l'enfant apprend à parler et qui ont agi dans la création originelle du langage. Le plus savant homme n'a point en parlant la conscience des mécanismes qui produisent sa parole; mais ces mécanismes agissent en lui sans sa coopération réfléchie, comme ils agissent chez l'enfant et comme ils ont dû agir chez les hommes primitifs.

Quant aux conditions dans lesquelles se produisit le langage articulé, M. Steinthal se les représente comme il suit : à l'origine de l'humanité, l'âme et le corps étaient dans une telle dépendance l'un de l'autre que tous les mouvements de l'âme avaient leur écho dans le corps, principalement dans les organes de la respiration et de la voix. Cette sympathie du corps et de l'âme, qui se remarque encore dans l'enfant et le sauvage, était intime et féconde chez l'homme primitif; chaque intuition éveillait en lui un accent ou un son. Une autre loi qui joua dans la création du langage un rôle non moins essentiel, ce fut l'association des idées. En vertu de cette loi, le son qui accompagnait une intuition s'associait dans l'âme avec l'intuition elle-même, si bien que le son et l'intuition se présentaient à la conscience comme inséparables, et furent également inséparables dans le souvenir. Le son devint ainsi un lien entre l'image obtenue par la vision et l'image conservée dans la mémoire; en d'autres termes, il acquit une signification et devint élément du langage. En effet, l'image du souvenir et l'image de la vision ne sont point tout à fait identiques : j'aperçois un cheval; aucun des chevaux que j'ai vus autrefois ne lui ressemble absolument en couleur, en grandeur, etc.; l'idée générale représentée par le mot *cheval* renferme uniquement les traits communs à tous les animaux de même espèce. Ce quelque chose de commun est ce qui constitue la signification du son.

Telles sont, suivant M. Steinthal, les lois principales qui ont présidé à l'apparition du langage et qui président aussi à son développement. Tout le chemin que le langage a parcouru depuis le son émis par les premiers parlants jusqu'à l'idiome le plus parfait est tracé par les lois de la psychologie, bien plus que par les règles de la logique. Les lois de la psychologie, comme les lois de la nature, agissent sans conscience, quoique non sans but; la logique, au contraire, donne des prescriptions qu'on suit et applique avec réflexion. Mais comme les langues appartiennent au peuple, qu'elles sont l'œuvre de la société et non de l'individu, il faudrait créer pour les expliquer une psychologie de l'esprit populaire. M. Steinthal insiste beaucoup sur cette distinction de la psychologie et de la logique dans leurs rapports avec la science du langage : cependant l'ordre de considérations où il se complaît me paraît appartenir beaucoup plus à l'ancienne méthode logique qu'à la science expérimentale de l'esprit humain.

A vrai dire, le désaccord entre les vues de M. Steinthal et les miennes est fort subtil et ne tient guère qu'à la différence des formules philosophiques employées en Allemagne et en France. M. Steinthal reconnaît qu'il ne faut admettre dans la formation du langage aucun acte de raison réfléchie ; il craint seulement de voir renaître les idées innées, et ne voudrait pas que pour éviter les errements de Locke on s'attachât à ceux de Leibniz. Selon lui, il ne faut point parler de catégories imposées au langage non plus qu'à la raison : tout *devient*, apparaît, se forme suivant des lois qu'il appartient à la science de rechercher. — Rien de mieux ; mais ces lois, quand il s'agit de l'apparition des phénomènes de la vie, que sont-elles ? Des catégories fixes ; un moule logiquement préexistant qui détermine l'être à telle ou telle forme. L'expression d'*inné*, si elle signifie autre chose que cela, doit être écartée. Du gland semé en terre sortira un arbre dont les traits essentiels peuvent être décrits à l'avance. Le chêne n'est pas inné dans le gland ; mais le gland est ainsi organisé que le chêne en sortira infailliblement avec tous ses caractères naturels.

Un autre philologue, M. Heyse [1], a émis sur le même problème des vues qui se rapprochent

---

[1] *System der Sprachwissenschaft* (Berlin 1856), ouvrage posthume publié par M. Steinthal, p. 46 et suiv.; 164 et suiv.

beaucoup de celles de M. Steinthal. L'auteur repousse avec vivacité l'idée d'une révélation venant du dehors; il combat, comme M. Steinthal, les idées de Becker sur ce que ce dernier appelle l'*organisme*, c'est-à-dire la production nécessaire et presque matérielle du langage. Le langage, selon M. Heyse, a été créé par l'homme librement, puisque l'homme en le créant n'a obéi à aucune raison déterminante, et qu'il y a mis son individualité personnelle, ce qui n'a pas lieu dans les fonctions proprement organiques. La solution de M. Heyse, quoique légèrement différente de la nôtre dans les termes, est au fond en parfait accord avec les vues exposées dans notre essai. L'auteur se sert presque des mêmes termes que nous pour exprimer le caractère à la fois libre et nécessaire, à la fois individuel et général, à la fois objectif et subjectif, à la fois divin et humain de la production du langage. Ses idées sur la pluralité des points d'apparition ne diffèrent également des nôtres que par la forme plus dogmatique sous laquelle l'auteur a cru devoir les présenter.

Je n'en puis dire autant des vues que M. Bunsen et M. Max Müller ont proposées dans ces dernières années, et qui paraissent avoir fait, en Angleterre du moins, une certaine fortune[1]. Quelles

---

[1] Voir l'ouvrage de M. Bunsen : *Outlines of the philosophy of universal history* (London, 1854). L'écrit de M. Max Müller intitulé : *Letter on the classification of the Turanian languages*, y est inséré t. I, p. 263 et suiv. Voir encore l'ouvrage de ce dernier : *Survey of languages* (London, 1850) et l'article intitulé *Comparative Mythology* dans les *Oxford Essays*. Les deux savants auteurs paraissent être arrivés chacun de leur côté au système dont je parle en ce moment. J'avais d'abord supposé (*Hist. génér. des langues sémit.*, p. 466) que M. Müller s'était fait l'organe des idées de M. Bunsen, sans que, dans ma pensée, cela impliquât rien que d'honorable. M. Müller m'ayant fait savoir que la responsabilité de l'écrit en question lui appartenait tout entière, je me hâte de retirer la conjecture que j'avais émise. En critiquant la pensée systématique de l'ouvrage de M. Müller, je rendais justice, du reste, à la pénétration avec laquelle l'auteur, en cela d'accord avec les plus habiles indianistes, a montré les ramifications étendues de la race tartaro-finnoise dans l'Inde anté-brahmanique.

que soient mon estime et mon admiration pour ces
deux savants, dont l'un a pris place parmi les
défenseurs les plus généreux de la cause de la
liberté, et dont l'autre a rendu des services si
éminents à l'étude des Védas, c'est-à-dire à la
branche des travaux contemporains qui a le plus
d'avenir, il m'est impossible de regarder comme
un progrès l'esprit nouveau qu'ils ont cherché à
introduire dans la philologie comparée. L'hypothèse d'une famille *touranienne*, par laquelle on
cherche à établir un lien de parenté entre des
langues entièrement diverses, nous paraît gratuite et formée par des procédés qui ne sont pas
ceux de la science rigoureuse. A part le vaste
groupe des langues tartaro-finnoises, qui seraient
le noyau de la famille touranienne, il faut avouer
que les idiomes que l'on réunit sous ce nom n'ont
guère qu'un seul caractère commun, c'est de

n'être ni indo-européennes ni sémitiques. M. Max Müller répond, il est vrai, que le trait essentiel des langues touraniennes étant de correspondre à un état de société nomade, il n'est pas surprenant que ces langues offrent partout un caractère sporadique, et qu'elles ne soient pas arrivées à la même concentration que les langues indo-européennes et les langues sémitiques, lesquelles de bonne heure ont servi d'organe à de vastes associations politiques. Une telle réponse est trop commode : la classification des langues doit se faire par des caractères positifs de ressemblance et non par ce trait négatif qu'elles manquent d'un certain degré de développement et correspondent à un même état social. Quant aux démonstrations de détail par lesquelles MM. Bunsen et Müller essaient d'établir l'identité primitive des trois familles, touranienne, indo-européenne, sémitique, elles ne me paraissent point satisfaisantes. Ainsi en a jugé également un esprit à la fois sévère et hardi, M. Pott, qui, en rendant pleine justice aux vues ingénieuses que le savant M. Müller a semées dans son ouvrage, le juge pour l'ensemble peu conforme aux vrais principes de la philologie comparée et capable d'égarer une étude déjà entourée de tant de périls [1].

Les aperçus de M. Bunsen [2] qui se rapportent plus directement à l'origine du langage me paraissent prêter aussi à quelques objections. M. Bunsen, comme M. Müller, suppose dans le langage une loi de progrès qui se vérifierait dans toutes les familles : les divers systèmes de langues représentent pour lui des âges différents que l'es-

---

[1] *Zeitschrift der deutschen morgenlændischen Gesellschaft*, 1855, p. 405 et suiv. Voir aussi l'ouvrage de M. Pott intitulé : *Die Ungleichheit menschlicher Rassen*, p. 191, 202, 242, 262, etc.

[2] *Outlines*, II, p. 73 et suiv.

prit humain a dû traverser pour arriver à l'état où nous le voyons. J'ai déjà exposé les motifs qui m'empêchent d'adopter cette manière de voir. Ce n'est que dans des limites fort restreintes qu'on peut dire qu'un système de langues est inférieur ou supérieur à un autre [1]. La zoologie a reconnu l'impossibilité de ranger les animaux dans une seule série linéaire, où le même type irait se perfectionnant peu à peu depuis le polype jusqu'à l'homme ; elle admet des types primordiaux distincts, dont chacun est susceptible d'arriver de son côté à une perfection relative. Le mammifère n'a pas commencé par être un reptile, ni le reptile un mollusque. De même, les langues indo-européennes et sémitiques n'ont pas commencé par être analogues au chinois. Les divers systèmes de

---

[1] Voir l'ouvrage de M. Pott, déjà cité, *Die Ungleichheit menschlicher Rassen*, p. 86 et suiv.

langues sont des partis adoptés une fois pour toutes par chaque race; ils ne sortent pas les uns des autres; ils se suffisent pleinement et arrivent au même résultat par les voies les plus opposées : tel peuple reste à l'état d'enfance avec un système grammatical que nous regardons comme savant; tel autre s'élève à la civilisation avec un idiome qui semble fermé à tout progrès.

Non-seulement, en effet, les divers systèmes de langues, tels que nous les connaissons, ne laissent voir aucune trace des transformations embryonnaires admises par M. Bunsen; mais cette hypothèse a contre elle un fait fort grave. Ce fait, c'est l'unité même des grandes familles, de la famille indo-européenne et de la famille sémitique, par exemple. Comment expliquer cette frappante homogénéité qui fait que l'hébreu, le phénicien, le chaldéen, le syriaque, l'arabe, l'éthiopien semblent coulés dans le même moule; que les rameaux si nombreux de la famille indo-européenne ont d'un bout du monde à l'autre le même fond de racines, et, en un sens très-véritable, la même grammaire? Par une seule hypothèse : je veux dire en admettant que ces deux systèmes de langues sont arrivés à leur complet développement avant l'époque où la famille s'est scindée. Combien peu de latitude cette condition laisse à l'élaboration du langage! Avec les tendances à la séparation qui agitaient les peuples anciens, le temps durant lequel la famille conserva assez d'union pour qu'un même langage ait pu s'imposer à tous les membres dut être fort court. Or des siècles, que dis-je? des milliers d'années, seraient nécessaires pour expliquer les évolutions que M. Bunsen et M. Max Müller supposent à l'origine du langage. Si le passage de l'un à l'autre des états embryonnaires s'est fait après la dispersion de chaque race, comment expliquer l'uniformité du résultat auquel les branches diverses de la famille seraient arrivées chacune de leur côté? Si le passage s'est effectué avant la dispersion, le langage en quelques années a donc traversé plus de phases que dans tout le reste de son existence? Qu'on se représente la grande délicatesse de quelques-uns des procédés que toutes les anciennes langues indo-européennes ont emportés avec elles. Qu'on songe à l'importance qu'ont dans l'étymologie indo-européenne la place de l'accent, la différence d'une longue et d'une brève, certaines particularités dans la manière de traiter les noms et les verbes. N'est-ce pas la preuve que les Hindous, les Iraniens, les ancêtres des Grecs et des Latins, les Germains, les Celtes, les Slaves, se sont séparés avec une grammaire déjà nettement caractérisée ? Ces peuples représentent pourtant des divisions primitives et qui durent se tracer dès les premiers moments de l'existence de la race. Plus on réfléchit à ce fait capital, plus on est porté à croire que le langage fut créé sans longs tâtonnements, dans une société très-homogène, disons mieux, dans une famille très-peu nombreuse. Si le langage fût apparu ou seulement se fût développé dans une société déjà mûre et par conséquent divisée, il serait beaucoup plus multiple qu'il ne l'est, et ne se laisserait pas si facilement réduire en grandes familles.

M. Müller, dans un essai plein de vues ingénieuses et profondes[1], fait observer avec raison que, si nous ne savions rien de l'existence du

---

[1] *Comparative Mythology*, p. 11 et suiv.

latin, la comparaison des dialectes romans suffirait pour nous permettre d'affirmer que ces dialectes, à une certaine époque, ont dû être confondus en une langue d'où ils tirent leur origine. La comparaison des différentes langues indo-européennes nous conduit de même à une époque où le sanscrit n'était pas le sanscrit, où le grec n'était pas le grec, mais où toutes ces langues existaient non encore divisées. La plus belle conquête de la philologie comparée est de nous avoir permis de jeter un coup d'œil hardi sur cette période primitive, qu'on appelle *arienne*, où tout le germe de la civilisation du monde était concentré dans un étroit rayon. De même que les dialectes romans sont tous dérivés d'une langue qui fut d'abord parlée par une petite peuplade des bords du Tibre; de même les langues indo-européennes supposent derrière elles une langue arrêtée et parlée dans un canton fort réduit. Quel motif, par exemple, aurait pu porter tous les peuples indo-européens à tirer le nom du *père* de la racine *pa* et du suffixe *tri* ou *tar*, si ce mot dans sa forme complète n'avait fait partie du vocabulaire des Ariens primitifs? Quel motif surtout les eût portés, après leur dispersion, à tirer le nom de la *fille* d'une idée aussi particulière que celle de *traire* (sanscrit *duhitri*, θυγάτηρ, *Tochter*, etc.), si ce mot n'eût eu sa raison d'être dans les mœurs d'une antique famille pastorale? Autre preuve plus décisive encore. Le mot *dhava*, qui en sanscrit signifie *mari*, précédé de la préposition *vi*, qui signifie *sans*, semble avoir formé *vidhavá*, veuve : ce mot se retrouve en latin (*vidua*)[1], ainsi que dans les langues germaniques et slaves, et pourtant aucune

---

[1] Une objection assez grave contre cette explication, se tire du masculin *viduus*, qui appartient à l'ancienne langue latine, et qui porterait à rattacher *viduus* et *vidua* à la même

de ces langues ne possède le mot *dhava* avec la signification de *mari* ni la préposition *vi* dans le sens privatif. Cela suppose qu'un tel mot a été formé à l'époque où les ancêtres des Latins, des Germains et des Slaves vivaient en commun avec les ancêtres de la race brahmanique. C'est là un point essentiel, sur lequel personne n'a jeté plus de lumière que le savant écrivain que je citais tout à l'heure. Il résulte de ses pénétrantes inductions que les lignes essentielles de la grammaire indo-européenne étaient fixées avant que la famille arienne se fût brisée en nationalités distinctes. A plus forte raison, faut-il en dire autant de la famille sémitique, qui est encore bien plus remarquable que la famille arienne par son unité.

---

racine que *dividere*. Cf. Pott, *Etym. F*... I, 185, II, 276. L'épithète de *viduus* attribuée à l'*Orcus*, parce qu'il sépare le corps de l'âme, se rapporte à cette dernière racine. Cf. Hartung, *Die Religion der Rœmer*, II, 90.

Mais comment de ce fait capital, qu'il a si bien démontré, M. Müller n'a-t-il point conclu que l'établissement de la grammaire arienne est un fait primitif, au delà duquel il n'y a point à remonter? Les langues, quelles que soient leurs conquêtes ultérieures, partent toujours d'un canton très-réduit. La nature même des mots originairement ariens recueillis par M. Müller indique une société complète sous le rapport moral, mais peu développée quant à la civilisation matérielle. Les expressions qui, dans cet antique idiome, désignent la royauté sont empruntées à la vie domestique; les mots qui plus tard ont signifié *ville* y paraissent avec le sens de *maison*; on n'y trouve pas de noms pour la chasse, la guerre, et, au contraire, on y trouve un vocabulaire très-développé pour une vie paisible, occupée au travail des champs et à l'élève des bestiaux. Les arts connus sont les plus simples de tous, tels que le labourage, la mouture, le tissage et le travail élémentaire des métaux [1]. Nous sommes donc resserrés de toutes parts dans un espace fermé, où nulle place ne reste pour des évolutions séculaires. Dira-t-on que l'antique idiome parlé dans l'Arie n'était lui-même qu'un démembrement d'un ensemble linguistique plus étendu, de même que le latin, source des idiomes romans, n'est qu'un individu dans la grande famille indo-européenne? Mais alors on retrouverait en dehors de cette famille d'autres fragments de l'ensemble détruit. Si le latin avait disparu pour la science, nous n'apercevrions pas, il est vrai, l'origine directe des langues romanes; mais nous n'en verrions pas moins leur affinité avec les autres langues de l'Europe : nous reconnaîtrions leurs sœurs, sans

---

[1] Ouvr. cité, p. 24 et suiv.

connaître leur mère. M. Müller remarque que la conjugaison du verbe *être* diffère plus de l'italien au français que du lithuanien à l'idiome des Védas. Donc, si l'arien primitif n'avait été qu'une branche d'un ensemble plus étendu, on retrouverait la trace de l'affinité des langues indo-européennes avec d'autres groupes de langues. Or, MM. Bunsen et Müller n'ont pas, selon nous, réussi à prouver qu'une telle affinité existe, et sans vouloir préjuger de l'avenir de la philologie, il est permis de dire que l'on n'entrevoit pas à l'horizon l'ombre même d'une démonstration sur ce point capital.

Je joindrai aux écrits précédents un article que M. Henri Ritter, le savant historien de la philosophie, voulut bien consacrer à la première édition de mon essai dans les *Gelehrte Anzeigen* de Gœttingue[1]. En approuvant mes conclusions générales, M. Ritter m'adressa quelques critiques qui, venant d'un homme aussi éminent, ont été naturellement l'objet de ma plus sérieuse attention. M. Ritter croit que, par réaction contre l'école qui regardait le langage comme une invention artificielle, je l'ai supposé trop essentiel à la nature de l'homme et trop intimement lié à la pensée. Il admet qu'une pensée assez développée ait pu exister sans la parole, et que le langage soit apparu longtemps après le réveil de la conscience; enfin, dans le phénomène primitif qui le fit naître, une part doit, selon lui, être faite à la réflexion. J'ai dit ci-dessus avec quelles réserves mon opinion sur l'apparition spontanée du langage devait être entendue. Mais il m'est

---

[1] 18 août 1849.

impossible d'aller jusqu'au point où va M. Ritter. La distinction qu'il établit entre le langage en général et le langage articulé n'est pas de grande conséquence, puisque le langage articulé convient seul à l'expression d'idées quelque peu déliées. M. Ritter n'attribue au langage qu'un seul rôle, celui de communiquer la pensée ; il méconnaît une autre fonction non moins importante de la parole, qui est de servir de formule et de limite à la pensée. Le sourd-muet n'arrive à des jugements précis que quand il peut les renfermer dans des signes créés sur le modèle de notre langage. En supposant qu'avant l'abbé de l'Épée, quelques sourds-muets soient arrivés à un certain développement intellectuel, il faut tenir compte du commerce qu'ils avaient pu avoir par les yeux avec des êtres parlants : la conscience, en effet, est contagieuse et se transmet par les voies les plus indirectes. M. Ritter regrette qu'au lieu de comparer le langage à la pensée, je ne l'aie pas comparé de préférence aux lois politiques et sociales, qui font partie de la nature humaine, et qui pourtant n'ont pas été contemporaines de sa première apparition. Je ne puis accepter précisément cette pensée : si M. Ritter entend parler d'institutions politiques réfléchies, d'une morale perfectionnée, ce n'est point à de pareilles choses qu'on peut comparer le langage. S'il entend parler du principe de la morale, de la famille et de la vie civile, ce principe est aussi primitif dans l'homme que la raison et le langage. En remontant dans l'antiquité des peuples ariens, on trouve certains usages religieux, certaines lois de la vie domestique, inséparables du langage de ces peuples et liés à leurs premières intuitions.

M. Ritter me reproche de traiter le développement du langage d'une manière trop indépendante de l'histoire, et en l'envisageant comme le développement d'un être vivant, soustrait aux accidents du dehors. Ce reproche serait fondé si les vues proposées dans cet essai étaient formulées comme des théorèmes d'une vérité absolue. Il est certain que les événements de l'histoire exercent une influence décisive sur la marche des langues ; que l'anglais, par exemple, tel qu'il se parle de nos jours, est fort différent de ce que fût devenu l'anglo-saxon sans la conquête normande. Mais de ce que les langues sont souvent détournées de leur cours naturel par les faits extérieurs, on n'est pas en droit de conclure qu'aucune loi intime ne préside à leur développement. Les lois de la végétation sont-elles moins réelles, parce qu'il n'existe pas une seule plante dans le monde où l'arrangement des branches et des feuilles soit ce qu'il devrait être, si des causes particulières de suppression et d'avortement ne troublaient leur tendance vers la symétrie ? Le *devenir* du monde est un vaste réseau où mille causes se croisent et se contrarient, et où la résultante ne paraît jamais en parfait accord avec les lois générales d'où l'on serait tenté de la déduire. La science, pour formuler les lois, est obligée d'abstraire, de créer des circonstances simples, telles que la nature n'en présente jamais. Les grandes lignes du monde ne sont qu'un à peu près. Prenons le système solaire lui-même ; certes, voilà un ensemble soumis à des lois d'une parfaite régularité, et dont la formation a dû être amenée par des causes très-simples. Et pourtant l'anneau de Saturne, et les petites planètes, et les aérolithes montrent la place que tient le fait individuel dans la géométrie en apparence inflexible des corps célestes.

Les phénomènes se produisent dans le monde parce qu'ils ont leur raison suffisante de se produire ; mais cette raison suffisante n'est jamais unique. Il n'y a pas deux faits qui se passent de la même manière, ni deux êtres qui rentrent dans la même catégorie : il n'y a que des cas individuels amenés par le coup de dé qui se joue à chaque instant. Chaque fait et chaque être est l'aboutissant de ce qui a précédé, et ce n'est que par une extension de sens qu'on donne le même nom aux êtres et aux faits qui ont entre eux plus ou moins d'analogie.

Ces explications m'ont semblé nécessaires pour prévenir les malentendus auxquels auraient pu donner lieu les formules générales dont j'ai dû me servir. Dès qu'on aspire à sortir des considérations purement dialectiques, la vérité ne s'obtient qu'en apportant à la pensée de continuelles limites, et en procédant à l'élimination de l'erreur par de scrupuleuses approximations.

DE
L'ORIGINE DU LANGAGE

I

La science expérimentale de l'esprit humain s'est généralement bornée à étudier la conscience parvenue à son complet développement et telle qu'elle est de nos jours. Ce que font la physiologie et l'anatomie pour les phénomènes des corps organisés, la psychologie l'a fait pour les phénomènes de l'âme, avec les différences de méthode réclamées par des objets si divers. Mais de même qu'il existe, à côté de la science des organes et de leurs opérations, une autre science qui embrasse l'histoire de leur formation et de leur développement; de même, à côté de la psychologie, qui essaie de décrire et de classer les phénomènes et les fonctions de l'âme, il y aurait à créer une *embryogénie* de l'esprit humain, qui étudierait l'apparition et le premier exercice des facultés dont l'action est maintenant si régulière. Une telle science serait sans doute plus difficile que celle qui se propose de constater l'état présent de la conscience humaine. Toutefois, il est des moyens sûrs qui peuvent nous conduire de l'âge actuel à l'âge primitif : l'expérimentation directe de ce dernier nous est impossible; mais l'induction, en s'exerçant sur le présent, peut nous faire remonter à l'état spontané, dont les époques réfléchies ne sont que l'épanouissement.

En effet, si l'état primitif de l'humanité a disparu sans laisser de traces, les phénomènes qui le caractérisaient ont encore chez nous leurs analogues. Chaque individu parcourant à son tour la ligne qu'a suivie l'humanité tout entière, la série des développements de l'esprit humain dans son ensemble répond d'une manière générale au progrès de la raison individuelle. De plus, la marche de l'humanité n'est pas simultanée dans toutes ses parties : tandis que par les races nobles elle s'élève à de sublimes hauteurs, par les races inférieures elle se traîne encore dans les humbles régions qui furent son berceau. Telle est l'inégalité de son mouvement que l'on peut, à chaque moment, retrouver dans les différentes contrées habitées par l'homme, les âges divers que nous voyons échelonnés dans son histoire. Les races, les climats, mille causes de déchéance ou d'ennoblissement font exister à la fois dans l'espèce humaine les mêmes variétés qui se montrent comme successives dans la suite de ses révolutions. Les phénomènes qui signalèrent le réveil de la conscience se reproduisent ainsi dans l'éternelle enfance des races non perfectibles, restées comme des témoins de ce qui se passa aux premiers jours. Certes, il ne faut pas dire absolument que le sauvage soit l'homme primitif : l'enfance des diverses races humaines dut être fort différente ;

les misérables êtres dont le Papou et le Boschiman sont les héritiers ressemblèrent peu, sans doute, aux graves pasteurs qui furent les pères de la race religieuse des Sémites, aux vigoureux ancêtres de la race essentiellement morale et philosophique des peuples indo-européens. Mais l'enfance, quelle que soit la variété des caractères individuels, a toujours des traits communs. — L'enfant et le sauvage seront donc les deux grands objets d'étude de celui qui voudra construire scientifiquement la théorie des premiers âges de l'humanité.

Il reste à la science un moyen plus direct encore pour se mettre en rapport avec ces temps reculés : ce sont les produits mêmes de l'esprit humain, les créations poétiques où il s'exprime lui-même, les documents primitifs où il a déposé ses plus vieux souvenirs. Ces créations et ces documents ne commencent à se fixer par l'écriture qu'à une époque déjà bien éloignée du berceau de l'humanité : comment l'homme aurait-il légué le souvenir d'un âge où il se possédait à peine, et où, n'ayant pas de passé, il ne pouvait songer à l'avenir? Mais il est un monument sur lequel sont écrites toutes les phases de cette Genèse merveilleuse, monument qui renferme des matériaux de tous les siècles et peut les rendre à l'analyse; poëme admirable qui est né et s'est développé avec l'homme, qui l'a accompagné à chaque pas et a reçu l'empreinte de chacune de ses manières de sentir. Ce monument, ce poëme, c'est le langage. L'étude approfondie du langage sera toujours le moyen le plus efficace pour aborder les origines de l'esprit humain : grâce au langage, nous sommes vis-à-vis des âges primitifs comme l'artiste qui devrait rétablir une statue de bronze d'après le moule où elle se dessina.

Les langues primitives ont, il est vrai, disparu pour la science avec l'état psychologique qu'elles représentaient, et personne n'est désormais tenté de se fatiguer à leur poursuite avec l'ancienne philologie. Mais que, parmi les idiomes dont la connaissance est possible, les uns aient conservé plus que d'autres l'empreinte des lois qui présidèrent à la naissance du langage, ce n'est point là une hypothèse, c'est un fait évident. L'arbitraire n'ayant joué aucun rôle dans l'invention et la formation du langage, il n'est pas un de nos idiomes les plus défigurés qui ne se rattache par une généalogie directe à une des langues que bégayèrent les pères de l'espèce humaine. Il serait puéril de vouloir retrouver la trace du monde primitif à travers le réseau de transformations dont se sont enveloppées quelques langues, à travers les nombreuses couches de peuples et d'idiomes qui se sont superposées dans certaines contrées. Mais il est des langues conservées par des organes plus fermes, moins variables dans leurs mécanismes, parlées par des peuples presque voués à l'immobilité; celles-là subsistent encore comme des témoins, non pas, hâtons-nous de le dire, *de la langue* primitive, ni même d'*une* langue primitive, mais des *procédés* primitifs, au moyen desquels l'homme sut donner à sa pensée une expression extérieure et sociale.

Je dis *des procédés primitifs;* car pour la langue elle-même, n'espérons jamais y atteindre. De même que le géologue aurait tort de croire le centre du globe composé des éléments que l'on rencontre aux dernières profondeurs accessibles à l'expérience ; de même, il serait téméraire de regarder comme absolument primitives les langues qui, dans le sein d'une famille donnée, méritent le premier rang d'ancienneté[1].

---

[1] Cette comparaison est de F. Schlegel, *Philosophische Vorlesungen, insbesondere über Philosophie der Sprache und des Wortes*, p. 74-75.

II

Le problème de l'origine du langage semble avoir assez peu préoccupé les anciens philosophes[1]. Platon, il est vrai, tourne souvent, trop souvent même, son attention vers les mots; mais on avouera sans peine que les essais d'étymolo-

---

[1] Sur l'histoire de la philologie générale dans l'antiquité, voir Letsch, *Sprachphilosophie der Alten* (Bonn, 1838-41).

gie qu'on trouve dans le *Cratyle*, par exemple, n'offrent guère de traces d'une méthode scientifique. Aristote a donné dans le Περὶ Ἑρμηνείας le premier essai d'une grammaire générale; mais la grammaire générale est aussi éloignée de la philologie comparée, entendue dans le sens moderne, que la dialectique l'est de l'analyse expérimentale de la raison. Lucrèce a exprimé sur la formation du langage des vues remarquablement ingénieuses, mais entachées de la fausse hypothèse qui préoccupait toute l'école épicurienne, l'idée d'une primitive humanité vivant à l'état sauvage et presque bestial [1]. Entre la solution grossièrement matérialiste qui faisait traverser au langage toutes les phases d'une invention lente et progressive, solution qui paraît avoir été celle des savants [2], et une croyance peu raisonnée à l'innéité du langage, croyance qui paraît avoir

---

[1] *De Nat. Rerum*, liv. V, v. 1027 et suiv. Les vues analogues d'Épicure peuvent se lire dans Diogène de Laërte, liv. X, § 75 et suiv.

[2] V. Diod. Sic. *Bibl.*, liv. I, § 8. Cette solution fut adoptée par plusieurs Pères de l'Église, saint Grégoire de Nysse, par exemple (*Contra Eunomium*, Orat. xii).

été celle des gens peu instruits [1], l'antiquité ne connut guère de nuance : l'extrême imperfection de la philologie et surtout de la philologie comparée ne laissait point de place à une théorie plus rapprochée de la vérité.

Ce fut surtout au XVIIIe siècle que la philosophie attacha une juste importance à l'étude analytique du langage. Dès la fin du XVIIe siècle, Locke, en plaçant dans son *Essai* l'étude des mots à côté de celle des idées ; Leibniz, en le suivant dans ses *Nouveaux Essais* sur cette route intéressante, et en y semant les remarques judicieuses qu'il savait répandre sur tous les sujets, attirèrent de ce côté l'attention des penseurs. Leibniz surtout, avec

---

[1] L'expérience de Psammétique, rapportée par Hérodote (liv. II, c. II.—Cf. C. Müller, *Fragmenta hist. græc.*, I, 22-23), en est la preuve. Ce roi, voulant savoir laquelle des deux nations, des Égyptiens ou des Phrygiens, était la plus ancienne, fit nourrir deux enfants par des chèvres et sans qu'on leur fît entendre aucun langage. Le premier mot que ceux-ci prononcèrent fut βεκός, qui se trouva signifier *pain* dans la langue phrygienne (Cf. P. Bœtticher, *Arica*, p. 33 ; Gosche, *De Ariana linguæ armen. Indole*, p. 29), d'où l'on conclut que celle-ci était la langue primitive. Au moyen âge, l'opinion populaire attribua la même expérience à Frédéric II, mais elle y mit un raffinement de délicatesse : les deux petites créatures, dit le chroniqueur, moururent, faute de chants pour les endormir. (De Raumer, *Gesch. der Hohenstaufen*, t. III, p. 491.)

une admirable pénétration d'esprit, entrevit les traits essentiels de la méthode comparative et en devina les applications les plus élevées. La plupart des philosophes français, Condillac, Maupertuis, Rousseau, Condorcet, Turgot, Volney, abordèrent plus ou moins directement les problèmes relatifs au langage; mais, comme cela arrive d'ordinaire, ils s'attaquèrent aux questions théoriques, avant de s'être livrés à l'étude patiente des détails positifs. On croyait satisfaire par une hypothèse superficielle à l'une des difficultés les plus graves de la psychologie, et on ne songeait pas que dresser une théorie du langage sans l'étude comparée des divers idiomes, c'était renouveler la témérité de la physique ancienne, qui aspirait à créer un système général sur le monde et son origine, avant que l'on eût acquis des connaissances spéciales sur chacune des parties de l'univers.

Bien que les hypothèses du XVIIIe siècle soient loin d'être identiques entre elles, voici la manière générale dont les penseurs de ce temps envisagèrent le langage, et l'esprit qu'ils portèrent dans le problème de sa première apparition. La philosophie du XVIIIᵉ siècle avait une tendance marquée vers les explications artificielles, en tout ce qui tient aux origines de l'esprit humain[1]. On prenait l'homme avec le mécanisme actuel de ses facultés, et on transportait indiscrètement ce mécanisme dans le passé, sans songer aux différences profondes qui durent exister entre les premiers âges de l'humanité et l'état présent de la conscience. Il semblait que l'homme eût toujours réfléchi, combiné, raisonné comme il fait de nos jours, et chaque fois que les philosophes de l'époque dont nous parlons veulent nous représenter l'homme primitif, nous sommes surpris de ne voir en jeu que l'homme moderne avec son riche développement des facultés rationnelles. Ainsi le langage était traité d'*invention* comme une autre :

---

[1] Turgot seul doit faire exception ; il semble avoir eu sur le langage les vues les plus avancées. (Voir l'opuscule intitulé : *Sur les Réflexions philosophiques de Maupertuis sur l'origine des langues*, Œuvres, t. II, p. 103 et suiv.) Quant à Rousseau, bien qu'il ait vivement combattu l'opinion de Condillac, dans son *Discours sur l'Origine et les fondements de l'inégalité parmi les hommes*, il revient, quand il essaye de formuler une hypothèse, à celle de l'invention successive.

l'homme avait un jour imaginé la parole, comme les arts utiles ou d'agrément. Et cette invention, on l'assujettissait aux mêmes lois de progrès successif que tous les produits de l'intelligence réfléchie. Il y eut un temps où l'homme ne fut, comme l'avait supposé l'antiquité, qu'un *mutum et turpe pecus* [1]. Les besoins les plus simples de la société amenèrent d'abord la création d'un *langage naturel*, consistant en certaines expressions de la physionomie, en certains mouvements du corps, en certaines intonations de la voix. A mesure que les idées se multiplièrent, on sentit combien un pareil langage était insuffisant et l'on chercha un moyen de communication plus commode. Alors on songea à la parole; on convint, on s'arrangea à l'amiable, et ainsi fut établi le *langage artificiel* ou articulé [2]. Ce premier lan-

---

[1] Hor., liv. I, sat. III, v. 99.

[2] Il est surprenant que des psychologues comme Th. Reid et Dugald Stewart aient pu insister sur une distinction aussi superficielle, et croire que l'expression par la parole est moins *naturelle* que l'expression par le geste. Voyez les *Esquisses* de D. Stewart, 1re part., sect. XI, et sa *Phil. de l'Esprit humain*, suite de la deuxième partie.—Reid, Œuvres, t. II, p. 88 et suiv., 104, etc. (trad. Jouffroy).

gage fut, comme toutes les créations humaines, défectueux et pauvre à son origine. Peu à peu il se compléta et arriva au degré de richesse où nous le voyons de nos jours; à peu près, suivant la comparaison d'Adelung[1], comme le canot du sauvage est devenu le vaisseau des nations civilisées. Ainsi le langage se traîna par tous les degrés d'un perfectionnement graduel. Selon Smith, il ne se composa d'abord que de substantifs; selon de Brosses, il débuta par l'interjection; tous s'accordaient à penser qu'il lui fallût une longue suite de siècles pour arriver à la conquête de ses éléments constitutifs.

Cette hypothèse est peut-être, de toutes celles qui ont été essayées pour expliquer l'origine de la parole, la plus fausse, ou, pour mieux dire, la moins riche en vérité. Les philosophes qui la proposèrent avaient bien compris, il est vrai, que l'homme a tout fait dans l'invention du langage, que c'est de l'exercice naturel de ses facultés et non du dehors qu'il a reçu le don de l'expression

---

[1] Introduction au *Mithridate*.

articulée; mais ils commettaient une erreur en attribuant aux facultés réfléchies et à une combinaison voulue de l'intelligence un produit spontané de cette force vive que recèlent les facultés humaines, qui n'est ni la convention, ni le calcul, qui produit son effet d'elle-même et par sa propre tension.

La réaction philosophique qui signala le commencement du XIXe siècle se fit sentir dans la solution donnée à l'important problème qui nous occupe, et amena des aperçus partiels encore, mais plus approchants de la vérité. Déjà Herder et Hamann, avec cette faculté d'intuition qui les caractérisait, avaient entrevu sous une forme peu scientifique, il est vrai, l'unité intérieure, la séve vraiment divine du langage. L'école française obéit à des tendances analogues, et chercha à restreindre en faveur de la raison universelle de l'humanité la part beaucoup trop large que le XVIIIe siècle avait faite à la raison individuelle. Le XVIIIe siècle avait tout donné à la liberté, ou, pour mieux dire, au caprice de l'homme. Une des écoles qui essayèrent de relever la cause du spiritualisme et de la religion donna tout à Dieu. Le langage avait été une invention purement humaine; il devint maintenant une *révélation* divine. Malheureusement, cette expression, qui, prise comme métaphore, serait la plus exacte peut-être pour exprimer l'apparition merveilleuse de la parole, était entendue dans un sens étroitement littéral. D'ailleurs, la thèse dont nous parlons n'était pas, chez ses auteurs et ses défenseurs, assez désintéressée pour qu'il soit permis de lui donner une place sérieuse dans la science; on la soutenait au profit d'un système théologique et politique, auquel on semblait vouloir donner l'autorité d'un dogme de foi.

En un sens, pourtant, on pouvait voir dans l'opinion adoptée avec tant de chaleur par MM. de Bonald, de Maistre, de Lamennais, et plus tard par M. Gioberti, un véritable progrès. La nouvelle école montrait bien l'incapacité de l'homme réfléchi à inventer la parole; elle retirait ainsi

---

[1] De Bonald, *Recherches philosophiques*. I, p. 163 et suiv. 3 édit.).

le langage de la sphère des inventions vulgaires, lui donnait un rang à part, et y voyait l'œuvre de Dieu. Rien de plus vrai, pourvu qu'on sache l'entendre; car ce qui se passe dans le spontané est plutôt le fait de Dieu que le fait de l'homme, et il y a moins de danger à l'attribuer à la cause universelle qu'à l'action particulière de la liberté humaine. Toutefois, une telle opinion, dans son expression rigoureuse, et surtout dans le sens qu'y attachaient ses auteurs, était loin d'être sans venin. Que signifie, en effet, cette révélation du langage? Si on l'entend d'une manière matérielle, si l'on suppose, par exemple, qu'une voix du ciel ait dicté à l'homme les noms des choses, une telle conception est si grossièrement empreinte d'anthropomorphisme, elle s'écarte si complétement du tour de nos explications scientifiques, elle est si antipathique à toutes nos idées les plus arrêtées sur les lois de la nature, qu'elle n'a pas besoin de réfutation pour un esprit tant soit peu initié aux méthodes de la critique moderne. D'ailleurs, comme l'a dit M. Cousin, « l'institution du langage par Dieu recule et déplace la difficulté, mais ne la résout pas. Des signes inventés par Dieu seraient pour nous, non des signes, mais des choses qu'il s'agirait ensuite pour nous d'élever à l'état de signes, en y attachant telle ou telle signification[1]. » — Si on entend par révélation le jeu spontané des facultés humaines, en ce sens que Dieu, ayant mis dans l'homme tout ce qui est nécessaire pour l'invention du langage, peut en être appelé l'auteur, on est alors bien près de la vérité; mais c'est se servir à dessein d'une expression détournée et singulière, quand il y en aurait une autre plus philosophique et plus naturelle pour exprimer le même fait.

Ainsi que je l'ai dit, l'intention et les arguments de ceux qui les premiers soutinrent la révélation du langage étaient surtout théologiques. Ils croyaient voir ce dogme capital de leur philosophie écrit dans un passage de la Genèse; mais en cela ils furent, ce nous semble, fort mau-

---

[1] Préface aux *OEuvres philosophiques de Maine de Biran*, t. IV, p. xv. — Voyez aussi le *Cours* de 1829, 20ᵉ leçon.

vais exégètes. « Jéhova, est-il dit, ayant formé de la terre tous les animaux des champs et les oiseaux des cieux, les amena vers l'homme, pour que celui-ci vît comment il les appellerait, et tous les noms que l'homme leur donna, ce sont leurs noms [1]. Et l'homme donna des noms à tous les animaux, aux oiseaux des cieux et aux bêtes des champs; mais nul ne fut trouvé semblable à lui. » (Gen. II, 19-20.) Bien qu'il soit peu raisonnable d'appliquer à ces anciens récits, conçus dans l'esprit le plus simple, des interprétations philosophiques auxquelles leurs auteurs étaient loin de songer, quelle serait la proposition qui résulterait du passage précité, si on l'envisageait comme un symbole? Cette proposition serait, je crois, très-différente de celle qu'on a voulu en tirer. Outre qu'il n'est question dans le passage de la Genèse que d'une certaine classe de mots et non du langage en général, outre qu'on expliquerait tout au plus par ce passage la formation du dictionnaire, mais non celle de la grammaire,

[1] Le narrateur croyait que la langue qu'on parlait de son temps autour de lui était la langue primitive.

le véritable nomenclateur que nous y voyons en scène, c'est l'homme, l'homme agissant par ses propres forces, sous la présidence de Dieu. Si la philosophie voulait revêtir d'un mythe poétique ses formules les plus exactes sur l'apparition du langage, elle n'en trouverait pas de plus beau que celui-ci : Dieu apprenant à l'homme à parler comme le père à son fils; Dieu amenant les causes occasionnelles qui mettent en exercice les facultés, tout en laissant agir les facultés elles-mêmes. Mais si, au lieu du sentiment vague d'une grande vérité, on cherche dans ces antiques traditions un dogme précis, on en fausse à la fois la lettre et l'esprit, et pour ne pas avoir un mythe, on n'a plus qu'une fable [1].

Cependant, d'immenses progrès s'accomplissaient dans la science des langues, et préparaient à la philosophie et à l'histoire des secours inattendus. Dès 1808, un homme dont les travers d'esprit ne doivent point faire oublier le génie,

---

[1] Voir les excellentes réflexions de M. Jacob Grimm, sur ce qu'il faut entendre par *révélation* dans l'antiquité. *Ueber den Ursprung der Sprache*, p. 28 et suiv.

Frédéric Schlegel, indiqua, dans son ouvrage intitulé : *Ueber die Sprache und Weisheit der Indier*, les traits essentiels de la méthode comparative, et entrevit l'unité de la famille indo-européenne. En 1816, M. Bopp publia son *Conjugationssystem der Sanskritsprache in Vergleichung mit jenem der griechischen, lateinischen, persischen und germanischen Sprache* (Francfort), où la méthode nouvelle trouva sa première application. Une nuée de rivaux et de disciples, entre lesquels il convient de nommer Guillaume de Humboldt, Jacob Grimm, Eugène Burnouf, marchèrent sur les pas de ces deux grands maîtres, et fondèrent définitivement la science expérimentale du langage [1]. Au lieu de procéder comme l'ancienne philologie par des rapprochements artificiels et

---

[1] Outre les ouvrages précités, il faut lire, pour les vues générales. G. de Humboldt : *Ueber das vergleichende Sprachstudium in Beziehung auf die verschiedenen Epochen der Sprachentwicklung*, dans les Mémoires de l'Académie royale de Berlin (classe d'histoire et de philologie), 1820-1821, p. 239, et surtout l'admirable introduction que le même savant a mise en tête de son Essai sur le Kawi (*Ueber die Kawi-Sprache auf der Insel Java*) : *Einleitung über die Verschiedenheit des menschlichen Sprachbaues und ihren Einfluss auf die geistige Ent-*

purement extérieurs, on prit le langage comme un tout organique, doué d'une vie propre : on chercha la loi de cette vie, on reconnut dans chaque famille de langues une végétation assujettie à des lois uniformes. Le problème de l'origine du langage n'avait pu recevoir que des solutions matérielles et grossières, tandis qu'on avait envisagé chaque langue comme un agrégat inorganique, à la formation duquel n'avait présidé aucune raison intérieure. M. de Bonald, qui n'avait point à cet égard des vues supérieures à celles des philosophes du XVIIIe siècle, ne faisait au fond que marcher sur leurs traces quand il demandait au dehors la cause du langage, au lieu de la chercher au-dedans. Mais, à partir du jour où la science des langues fut devenue une des sciences de la vie, le problème des origines du langage se trouva transporté sur son véritable terrain, sur le terrain de la conscience créatrice. Sa génération resta

wickelung des Menschengeschlechts. Les deux discours du docteur Wiseman sur l'étude comparée des langues renferment des vues ingénieuses, quoique souvent contradictoires, développées avec beaucoup de bonheur.

toujours mystérieuse ; mais on vit du moins à quel ordre de faits il fallait la rapporter et de quel genre de conceptions il convenait de la déduire.

III

Si le langage, en effet, n'est plus un don du dehors, ni une invention tardive et mécanique, il ne reste qu'un seul parti à prendre, c'est d'en attribuer la création aux facultés humaines agissant spontanément et dans leur ensemble. Le besoin de signifier au dehors ses pensées et ses sentiments est naturel à l'homme : tout ce qu'il pense, il l'exprime intérieurement et extérieurement. Rien non plus d'arbitraire dans l'emploi de l'articulation comme signe des idées. Ce n'est ni par une vue de convenance ou de commodité, ni par imitation des animaux, que l'homme a choisi la parole pour formuler et communiquer sa pensée, mais bien parce que la parole est chez lui naturelle, et quant à sa production organique, et quant à sa valeur expressive. Si on accorde, en effet, à l'animal l'originalité du cri, pourquoi refuser à l'homme l'originalité de la parole? pourquoi s'obstiner à ne voir en celle-ci qu'une imitation de celui-là? Il serait absurde de regarder comme une découverte l'application que l'homme a faite de l'œil à la vision, de l'oreille à l'audition : il ne l'est guère moins d'appeler invention l'emploi de la parole comme moyen expressif. L'homme a la faculté du signe ou de l'interprétation [1], comme il a celle de la vue et de l'ouïe ; la parole est le moyen qu'il emploie pour exercer la première, comme l'œil et l'oreille sont les organes des deux autres. L'usage de

---

[1] V. Ad. Garnier, *Traité des facultés de l'âme*, t. II, p. 451 et suiv.

l'articulation n'est donc pas plus le fruit de la réflexion que l'usage des différents organes du corps n'est le résultat de l'expérience. Il n'y a pas deux langages, l'un naturel, l'autre artificiel; mais la nature, en même temps qu'elle nous révèle le but, nous révèle les moyens qui doivent servir à l'atteindre. Lucrèce a dit ceci en si beaux vers qu'on ne peut s'empêcher de les citer :

> At varios linguæ sonitus natura subegit
> Mittere, et utilitas expressit nomina rerum ;
> Non alia longe ratione atque ipsa videtur
> Protrahere ad gestum pueros infantia linguæ,
> Quom facit ut digito quæ sint præsentia monstrent.
> Sentit enim vim quisque suam quod possit abuti.
> Cornua nata prius vitulo quam frontibus exstant;
> Ollis iratus petit atque infensus inurget.
> At catulei pantherarum scymneique leonum
> Unguibus ac pedibus jam tum morsuque repugnant,
> Vix etiam quum sunt dentes unguesque createi.
> Alituum porro genus alis omne videmus
> Fidere et a pennis tremulum petere auxiliatum.

C'est donc un rêve d'imaginer un premier état où l'homme ne parla pas, suivi d'un autre état où il conquit l'usage de la parole. L'homme est naturellement parlant, comme il est naturellement pensant, et il est aussi peu philosophique d'assigner un commencement voulu au langage qu'à la pensée. Qui oserait dire que les facultés humaines sont des inventions libres de l'homme? Or, inventer le langage eût été aussi impossible que d'inventer une faculté. Le langage étant la forme expressive et le vêtement extérieur de la pensée, l'un et l'autre doivent être tenus pour contemporains.

Ainsi, d'une part, la parole est l'œuvre de l'homme et des forces qui résident en lui; de l'autre, rien de réfléchi, rien de combiné artificiellement dans le langage, non plus que dans l'esprit. Tout y est l'œuvre des forces internes de la nature humaine, agissant sans conscience et comme sous l'impression vivante de la Divinité. « Les langues, dit Turgot, ne sont pas l'ouvrage d'une raison présente à elle-même [1]. » L'erreur

---

[1] Œuvres, t. II, p. 139. On est surpris de voir Maine de Biran ajouter, après avoir cité ces paroles : « Je réponds que les langues instituées ne peuvent être l'ouvrage que d'une telle raison. M. Turgot fait à Maupertuis un reproche que je me suis attiré moi-même en supposant un philosophe qui forme un langage de sang-froid. Je ne vois pas ce qu'il y a d'absurde dans cette hy-

du XVIII° siècle pris dans son ensemble fut d'attribuer à la combinaison, à une volonté libre et se possédant elle-même, ce qui était le produit naturel des facultés. En général, ce siècle ne comprit pas assez la théorie de l'activité spontanée. Préoccupé surtout de la puissance réfléchie de l'homme, il étendit beaucoup trop la sphère des inventions humaines. En poésie, il ne sut pas distinguer la composition artificielle de l'inspiration sans arrière-pensée littéraire, qui produit les grandes œuvres originales. En politique, l'homme créait librement et avec délibération la société et l'autorité qui la régit. En morale, l'homme trouvait et établissait le devoir comme une loi utile. En psychologie, il semblait l'auteur des résultats les plus nécessaires de sa constitution. Sans doute, l'homme produit en un sens tout ce

---

-pothèse. Sans la faculté de réfléchir, il n'y aurait pas d'institution du langage proprement dite. Pourquoi donc une langue ne serait-elle pas formée de sang-froid par un homme réfléchi qui voudrait fixer ses idées et s'en rendre compte ? » (*Œuvres philosoph.*, t. 11, p. 323). — Voyez aussi le mémoire du même auteur sur l'*Influence de l'habitude sur la faculté de penser*, sect. II, c. I et suiv.

qui sort de sa nature ; il y dépense de son activité, il fournit la force brute qui amène le résultat ; mais la direction de cette force ne lui appartient pas : il fournit la matière, mais la forme vient d'en haut. Le véritable auteur des œuvres spontanées de la conscience, c'est la nature humaine, ou, si l'on aime mieux, la cause supérieure de la nature. A cette limite, il devient indifférent d'attribuer la causalité à Dieu ou à l'homme. Le spontané est à la fois divin et humain. Là est le point de conciliation d'opinions incomplètes plutôt que contradictoires, qui, selon qu'elles s'attachent à une face du phénomène plutôt qu'à l'autre, ont tour à tour leur part de vérité [1].

Chaque famille d'idiomes est donc sortie du génie de chaque race, sans effort comme sans tâtonnement. La raison, qui réfléchit et combine

---

[1] Voir les développements ingénieux de M. Cousin sur l'analyse de la conscience spontanée, dans le Cours de 1818 et dans celui de 1829, 6ᵉ et 7ᵉ leçon. Voir aussi, dans les *Fragments philosophiques*, le morceau intitulé *Du premier et du dernier fait de conscience*. Les mêmes vues se trouvent dans l'Introduction de G. Farcy, au 3ᵉ volume de la *Philosophie de l'esprit humain* de Dugald Stewart.

a eu presque aussi peu de part dans la création du langage qu'elle en a dans ses transformations. On ne peut admettre dans le développement des langues aucune révolution artificielle et sciemment exécutée : il n'y a pour elles ni conciles, ni assemblées délibérantes ; on ne les réforme pas comme une constitution vicieuse. C'est pour cela que le peuple est le véritable artisan des langues, parce qu'il représente le mieux les forces spontanées de l'humanité. Les individus n'y sont pas compétents, quel que soit leur génie ; la *langue scientifique* de Leibniz eût probablement été, comme moyen de transmission de la pensée, moins commode et plus barbare que l'iroquois. Les idiomes les plus beaux et les plus riches sont sortis avec toutes leurs ressources d'une élaboration silencieuse et qui s'ignorait elle-même. Au contraire, les langues maniées, tourmentées, faites de main d'homme, portent l'empreinte de cette origine dans leur manque de flexibilité, leur construction pénible, leur défaut d'harmonie. Toutes les fois que les grammairiens ont essayé de dessein prémédité de réformer une langue, ils n'ont réussi qu'à la rendre lourde, sans expression, et souvent moins logique que le plus humble patois.

Qu'on lise, par exemple, les notes que Duclos a ajoutées à la *Grammaire générale* de Port-Royal : jamais peut-être la prétention de critiquer la nature, qui domine le XVIIIe siècle, ne s'est plus naïvement avouée. A chaque instant, l'académicien cherche à montrer les inconséquences et les *fautes* que renferme le langage tel que le peuple l'a fait. Il sourit de pitié sur la bizarrerie de l'usage, et il voudrait en corriger les écarts par la raison des grammairiens, sans s'apercevoir que les tours qu'il veut supprimer sont d'ordinaire bien préférables à ceux qu'il veut y substituer. L'esprit humain, laissé à lui-même, ne recherche point à plaisir les anomalies. La langue des enfants et du peuple est d'ordinaire plus expressive que la langue consacrée par les grammairiens. Ici, comme toujours, l'œuvre artificielle de l'homme, lorsqu'elle s'attribue une mission réformatrice, détruit l'œuvre de la nature. Et combien celle-ci n'est-elle pas plus vivante et plus vraie! En parcourant le dictionnaire de la langue française, on remarque que les mots vraiment nationaux sont l'œuvre du peuple, tandis que les mots introduits par les grammairiens conservent toujours la trace du pédantisme et d'une latinité à peine dissimulée[1]. Nous avons quelques langues qu'on peut appeler artificielles, en ce sens que, partant d'un fond traditionnel, elles le développent en dehors des besoins et des sentiments populaires ; telle est, par exemple, la langue rabbinique. L'obscurité, la barbarie de ces langues dépassent tout ce qu'on peut imaginer. Le sourd-muet, avant le système mécanique qu'on lui enseigne dans les écoles, est mille fois plus communicatif qu'après son éducation. Abandonné à son génie, il se crée des moyens d'expression avec une force, une originalité, une richesse qui étonnent[2]. Mais, de même que l'instinct dans l'animal est en raison inverse de l'intelligence ; de même le sourd-muet, à mesure que les moyens artificiels

---

[1] V. Egger, *Notions élém. de gramm. comparée*, c. XXI, § 3.
[2] Voy. une brochure publiée à l'Institut des sourds-muets de Paris : *Les Sourds-Muets au XIXᵉ siècle*, et Ad. Garnier, *Traité des facultés de l'âme*, p. 61-62.

de communication se multiplient pour lui, perd sa puissance inventive, que ne remplacent point des procédés factices dont l'acquisition est pleine d'ennuis et de difficultés.

Ainsi, l'homme primitif put, dès ses premières années, élever cet édifice qui nous étonne, et dont la construction nous paraît si prodigieusement difficile : il le put sans travail, parce qu'il était enfant. Maintenant que la raison réfléchie a remplacé l'instinct créateur, à peine le génie suffit-il pour analyser ce que l'esprit des premiers hommes enfanta de toutes pièces et sans y songer. C'est que les mots *facile* et *difficile* n'ont pas de sens, appliqués au spontané. Quand les plus grands philosophes, dit M. de Bonald, sont impuissants à analyser le langage, comment des enfants sans expérience auraient-ils été capables de le créer? Une telle objection ne porte que contre une invention réfléchie. L'action spontanée n'a pas besoin d'être précédée de la perception claire du but à atteindre et des moyens à employer. Le mécanisme de l'intelligence est encore plus difficile à analyser que celui du langage, et pourtant l'homme étranger à la psychologie sait faire jouer aussi bien que le meilleur philosophe tous les ressorts de son esprit. L'enfant qui apprend sa langue, l'humanité qui crée la sienne n'éprouvent pas plus de difficulté que la plante ou l'animal qui arrivent à leur complet développement. Partout c'est le Dieu caché, la force infinie, qui, agissant en l'absence ou durant le sommeil de l'âme individuelle, produit ces merveilleux résultats, et défie la science de comprendre ce que la nature a produit sans effort.

C'est donc la raison populaire, c'est-à-dire la raison spontanée, qui est la puissance créatrice du langage. La réflexion n'y peut rien ; les langues sont sorties toutes faites du moule même de l'esprit humain, comme Minerve du cerveau de Jupiter. Elles sont, comme l'a dit Fr. Schlegel, « le produit vivant de tout l'homme intérieur. »

De là cette conséquence, que ce n'est point par des juxtapositions successives que se sont formés les divers systèmes de langues, mais que, semblable aux êtres vivants de la nature, le langage, dès sa première apparition, fut doué de toutes ses parties essentielles [1]. En effet, dès le moment de sa constitution, l'esprit humain fut complet. Le premier fait psychologique renferma d'une manière implicite tous les éléments du fait le plus avancé [2] : la réflexion savante ne contient pas une donnée de plus que le phénomène intérieur qui révéla l'homme à lui-même. Est-ce successivement que l'homme a conquis ses différentes facultés ? Qui oserait seulement le penser ? Or, le langage se montrant à toutes les époques comme parallèle à l'esprit humain et comme l'expression adéquate de son essence, nous sommes autorisés à établir une rigoureuse analogie entre les faits relatifs au développement de l'intelligence et les faits relatifs au développement du langage. Il est donc aussi peu philosophique de supposer

---

[1] C'est en ce sens que Fr. Schlegel a appelé l'apparition du langage une création d'un seul jet (*Hervorbringung im Ganzen*), et l'a comparée à un poëme qui résulte de l'idée du tout et non de la réunion atomistique des parties (*Philos. Vorlesungen*, p. 78-80). Cf. Humboldt: *Ueber das vergleichende Sprachstudium* etc., p. 247. Gœthe a exprimé des idées analogues: *Dichtung und Wahrheit*, x^e Buch (t. XXV de ses Œuvres complètes, Cotta, 1830, p. 307).

[2] Voyez Cousin, *Cours de 1818*, 5e leçon.

le langage arrivant péniblement à compléter ses parties, que de supposer l'esprit humain cherchant ses facultés les unes après les autres. Les langues doivent être comparées, non au cristal qui se forme par agglomération autour d'un noyau, mais au germe qui se développe par sa force intime et par l'appel nécessaire de ses parties. Il n'y a que les unités factices qui résultent de couches superposées et d'accroissements successifs.

IV

La philologie confirme les inductions que nous n'avons établies jusqu'ici que sur des données psychologiques. L'histoire des langues ne fournit pas un seul exemple d'une nation qui se soit créé un idiome nouveau, ou ait fait subir à l'ancien des modifications librement déterminées. Si les langues pouvaient se corriger, pourquoi le chinois, dénué de flexions et de catégories grammaticales, n'est-il jamais arrivé à se donner ce que nous regardons comme essentiel à l'expression de la pensée[1]? Pourquoi les langues sémitiques n'ont-elles jamais su inventer un système satisfaisant de temps et de modes, et combler ainsi une lacune qui rend si perplexe dans ces langues le sens du discours? Comment se fait-il qu'après des siècles de contact avec des alphabets plus parfaits, et malgré les immenses difficultés qu'entraîne l'absence de voyelles régulièrement écrites, les Sémites n'aient jamais réussi à s'en créer[2]? C'est que chaque langue est emprisonnée une fois pour toutes dans sa grammaire[3].

---

[1] Le chinois vulgaire atteint, il est vrai, une plus grande détermination que la langue classique; mais il ne possède point le principe de la grammaire, dans le sens que nous attachons ordinairement à ce mot. V. A. Bazin, *Grammaire mandarine* (Paris, 1856).

[2] D' Wiseman, *Discours sur les rapports entre la science et la religion révélée*, 1ᵉʳ Discours sur l'histoire des langues, 2ᵉ part.

[3] Une expérience vulgaire confirme ce résultat. Un homme transporté hors de sa patrie, surtout si on le suppose incapable d'apprendre une langue autrement que par l'usage, parviendra au bout de quelque temps à n'employer que des mots reçus dans le nouveau pays qu'il habite; mais il ne saurait se débarrasser de son tour étranger et de ses idiotismes natio-

Elle peut, en subissant des influences extérieures, changer entièrement d'allure et de physionomie ; elle peut enrichir ou renouveler son dictionnaire : mais sa grammaire est sa forme individuelle et caractéristique; elle ne peut l'altérer qu'en recevant un nouveau nom et cessant d'être ce qu'elle est.

Ainsi chaque famille de langues correspondit, dès les premiers instants de son existence, au tout de l'esprit humain. Des recherches approfondies ont obligé les linguistes à renoncer aux tentatives par lesquelles l'ancienne philologie cherchait à dériver l'une de l'autre les parties du discours. Toutes ces parties sont primitives; toutes coexistèrent dans la langue des patriarches de chaque race, moins distinctes, sans doute, mais avec le principe de leur individualité. Mieux vaut

---

naux. Ces tours ont vieilli avec lui et se sont, en quelque sorte, assimilés avec sa pensée. A combien plus forte raison n'en doit-il pas être ainsi, quand il s'agit des peuples envisagés dans leur ensemble ! C'est pour cela que, dans la classification des langues, les considérations grammaticales sont bien plus importantes que les considérations lexicographiques.

supposer à l'origine les procédés les plus compliqués que de créer le langage par pièces et par morceaux, et d'admettre qu'un seul moment il n'ait pas représenté dans son harmonie l'ensemble des facultés humaines. La grammaire de chaque race (et la grammaire, on se le rappelle, constitue la partie essentielle d'une langue) a été faite du premier coup. Le moule d'un idiome une fois jeté constitue une individualité indestructible, une borne posée et qui sera désormais à peine franchie. « On trouve, dit M. de Humboldt, que quelque grands que soient les changements d'une langue sous beaucoup de rapports, le véritable système grammatical et lexicographique de la langue, sa structure en grand restent les mêmes, et que là où ce système devient différent, comme au passage de la langue latine aux langues romanes, on doit placer l'origine d'une nouvelle langue. Il paraît donc y avoir dans les langues une époque à laquelle elles arrivent à une forme qu'elles ne changent plus essentiellement. Ce serait là leur véritable point de maturité; mais pour parler de leur enfance, il faudrait encore savoir si elles atteignent cette forme insensiblement, ou si leur premier jet n'est pas plutôt cette forme même. Voilà sur quoi, d'après l'état actuel de nos connaissances, j'hésiterais à me prononcer[1]. »

On s'arrête peu à ce doute, quand on voit que les progrès de la philologie comparée, non-seulement n'ont fait découvrir aucune langue qui ait à une époque historique complété son système, mais qu'ils ont établi plus fortement que jamais l'impossibilité de révolutions vraiment radicales dans le sein d'une langue. Les langues sémitiques sont peut-être, de toutes, celles qui offrent l'exemple le plus apparent d'une transformation organique. Telle est la facilité avec laquelle le système des langues sémitiques se laisse ramener à un état plus simple qu'on est tenté de croire à l'existence historique et à la priorité de cet état, en vertu du principe, si souvent trompeur, que la simplicité est antérieure à la complexité. De

---

[1] G. de Humboldt: *Lettre à Abel Rémusat sur la nature des formes grammaticales en général, et sur le génie de la langue chinoise en particulier*, p. 72.

bonne heure, cette idée se produisit parmi les savants voués à l'étude des langues sémitiques. Elle a été adoptée, au moins comme probable, par Michaëlis, Adelung, Klaproth, Gesenius, G. de Humboldt, Bunsen [1]. Comme il s'agit d'un fait qui, s'il était constaté, aurait en linguistique des conséquences fort graves, nous devons entrer ici dans quelques développements.

On sait que, dans l'état actuel des langues sémitiques, toutes les racines verbales sont trilitères; le petit nombre de racines quadrilitères qui se rencontrent en hébreu, en syriaque et en arabe, ne sont pas des racines réelles : ce sont des formes dérivées ou composées qu'on s'est habitué à envisager comme des mots primitifs et simples. Mais les racines trilitères elles-mêmes ne semblent pas le dernier degré qu'il soit permis d'atteindre. Parmi ces racines, en effet, il est des classes entières qui ne sont trilitères que par une fiction grammaticale : tels sont les verbes dits

---

On trouvera sur ce point de plus amples détails dans mon *Histoire générale des langues sémitiques*, p. 84 et suiv., p. 422 et suiv.—Voir aussi Wiseman, disc. cité, 2ᵉ part.

concaves et *géminés*, qui restent bilitères et monosyllabiques dans presque toute leur conjugaison. D'autres classes de verbes, quoique plus réellement trilitères, se distinguent par la faiblesse d'une de leurs radicales, qui, dans certains cas, tombe, devient voyelle ou cesse de se prononcer : tels sont les verbes dits *faibles* ou *imparfaits*. Enfin, les verbes qui se montrent constamment sous la forme trilitère ne sont pas, pour cela, inattaquables à l'analyse. Parmi leurs trois radicales, en effet, il en est presque toujours une plus faible que les autres et qui paraît tenir moins essentiellement au fond de la signification. On est ainsi amené à se représenter chaque racine sémitique comme essentiellement composée de deux lettres radicales. Les monosyllabes bilitères obtenus par cette analyse auraient servi, dans l'hypothèse que nous exposons, de souche commune à ces groupes entiers de radicaux trilitères qui offrent tous un même fond de signification, nuancé par l'addition de la troisième lettre. Ce seraient là en quelque sorte les éléments premiers et irréductibles des langues sémitiques.

En effet, presque tous les radicaux bilitères sont formés par onomatopée, et, s'il est permis d'essayer quelques rapprochements entre la famille indo-européenne et la famille sémitique, c'est certainement de ce côté qu'il faut les chercher.

Le système de langue simple, monosyllabique, sans catégories grammaticales bien tranchées, auquel on arrive de la sorte, semble, au premier coup d'œil, devoir être considéré comme logiquement antérieur au système actuel des langues sémitiques. Mais est-on en droit de supposer que ces langues aient réellement traversé un pareil état? Voilà sur quoi un esprit sage, persuadé qu'on ne saurait deviner *a priori* les voies infiniment multiples de l'esprit humain, hésitera toujours à se prononcer. Comment concevoir, en effet, le passage de l'état monosyllabique à l'état trilitère? Quelle cause assigner à cette révolution? A quelle époque la placer? Serait-ce, comme le disaient naïvement les anciens linguistes, lorsque les idées se multiplièrent et qu'on sentit le besoin d'exprimer plus de nuances, ou, comme Gesenius inclinait à le croire, au moment de

DU LANGAGE.

l'introduction de l'écriture? Est-ce par hasard, est-ce d'un commun accord que se fit cette innovation grammaticale? On s'arrête devant les impossibilités que présentent à l'imagination de telles hypothèses. Le passage de l'état monosyllabique à l'état trilitère est de ceux qui n'auraient pu se faire sans une très-grande réflexion. Les seules langues monosyllabiques que nous connaissions, celles de l'est de l'Asie, ne sont jamais sorties franchement de leur état. Rien n'autorise, par conséquent, à transformer en fait historique l'hypothèse du monosyllabisme primitif des langues sémitiques [1]. Cette hypothèse n'est au fond qu'une manière commode de se représenter les faits, et la philosophie générale n'est pas obligée

---

[1] Deux hébraïsants allemands, MM. Fürst et Delitzsch, ont récemment essayé de donner faveur à la théorie des racines bilitères, et d'appuyer sur cette théorie un nouveau système de philologie et même d'exégèse. Mais nous nous refusons à voir autre chose qu'un jeu puéril dans les analyses de racines et les rapprochements tentés par ces deux savants. Les racines sont en philologie ce que les corps simples sont en chimie. Sans doute, il est permis de croire que cette simplicité n'est qu'apparente et qu'elle nous cache une composition intime; mais c'est là une recherche qui est comme interdite à la science, parce que l'objet qu'il s'agit d'analyser ne

de modifier pour cette apparente exception ses principes les mieux établis.

Nous avons démontré, ce me semble, que l'homme n'achève pas plus le langage qu'il ne l'invente de propos délibéré. Toutefois, en maintenant que le langage primitif possédait les éléments nécessaires à son intégrité, nous sommes loin de prétendre que les mécanismes d'un âge plus avancé y existassent déjà dans leur complet développement. Tout y était, mais confusément et sans distinction. Le temps seul et les progrès de l'esprit humain pouvaient opérer le discernement dans cette synthèse obscure, en assignant à chaque élément son rôle individuel. La condition de la vie, en un mot, était ici, comme partout, l'évolution du germe primitif et synthétique, la distribution des rôles, et la séparation des organes. Les langues, aussi bien que les produits organisés de la nature, sont sujettes à

laisse aucune prise à nos moyens d'attaque. Les racines des langues se montrent à nous, non pas comme des unités absolues, mais comme des faits constitués, au delà desquels la philologie ne doit pas songer à remonter, sans encourir les mêmes reproches que l'alchimie.

la loi du développement graduel; mais ce développement n'est pas une concrétion grossière et s'opérant par l'extérieur. Elles vivent de la même manière que l'homme et l'humanité qui les parlent, c'est-à-dire dans un *fieri* continuel; elles se décomposent et se recomposent sans cesse par une sorte de végétation intérieure et de circulation du dedans au dehors. Un germe est posé, renfermant en puissance tout ce que l'être sera un jour; le germe se développe, les formes se constituent dans leurs proportions régulières, ce qui était en puissance devient en acte; mais rien ne se crée, rien ne s'ajoute : telle est la loi de tous les êtres soumis aux conditions de la vie. Telle fut aussi la loi du langage. Les premiers essais par lesquels l'homme chercha à déterminer ses vagues aperceptions ne furent que rudimentaires; mais ce rudiment contenait les éléments du progrès ultérieur. Il y avait loin de l'expression synthétique et obscure dans laquelle s'enveloppait la pensée primitive à la parfaite clarté de l'instrument que s'est créé l'esprit moderne; mais, après tout, l'exercice actuel de la pensée diffère plus profondément encore de la pensée des premiers hommes, sans que nous admettions pour cela qu'aucun principe nouveau se soit ajouté au système général de l'esprit humain.

Rien ne prouve mieux cette sève intérieure du langage que la comparaison des dialectes dans le sein d'une même famille dont l'unité ne puisse être contestée. Prenons encore pour exemple la famille sémitique; le rapprochement des différents idiomes qui la composent démontre : 1° qu'ils sont fort inégalement développés; 2° que ceux-là le sont davantage qui ont plus longtemps vécu, et ont pu s'enrichir des progrès d'un plus grand nombre de siècles. Ainsi l'hébreu serait indubitablement arrivé à un système de formes analogues à celles de l'arabe, s'il eût fourni une aussi longue carrière et traversé d'aussi heureuses circonstances. Il possède en germe tous les procédés qui font la richesse de cette dernière langue; mais, arrêté plus tôt dans son développement, il n'a pu donner à ces procédés l'extension et la régularité dont ils étaient susceptibles. L'hébreu rabbinique en est la preuve : cette langue artificielle et scolastique est arrivée à suffire à des besoins rationnels assez avancés; seulement, dans un idiome séquestré de l'usage du peuple, le développement, au lieu d'être un progrès, est devenu un véritable chaos.

C'est par là que les langues se placent décidément dans la catégorie des choses vivantes. D'une part, en effet, il y a un moule imposé, d'où chaque langue, quelles que soient ses variations, ne peut jamais sortir; de l'autre, ce moule est assez large pour laisser place à des mouvements considérables et à de perpétuelles vicissitudes. L'être organisé qui par une intime assimilation a renouvelé ses parties constitutives, est toujours le même être, parce qu'une même forme a toujours présidé à la réunion de ses parties; cette forme, c'est son âme, sa personnalité, son type, son idée. Il en est de même pour les langues. Si, d'un côté, les caractères de famille sont immuables; s'il est vrai, par exemple, qu'une langue sémitique ne saurait par aucune série de développements atteindre les procédés essentiels des langues indo-européennes; d'un autre côté, dans l'intérieur des familles, de vastes métamorphoses, non de forme, mais de fond, peuvent s'opérer. Les familles apparaissent comme des types constitués une fois pour toutes, et réduits à se détruire ou à rester ce qu'ils sont. Au contraire, chaque langue en particulier peut se développer selon son génie propre, et, sans sortir du type général auquel elle appartient, subir toutes les modifications que lui imposent le temps, le climat, les événements politiques, les révolutions intellectuelles et religieuses. Rien de moins philosophique que de dresser une fois pour toutes la statistique d'une famille de langues, et de considérer les idiomes qui en font partie comme des individualités identiques à elles-mêmes pendant toute la durée de leur existence. Chacun de ces groupes naturels ressemble à un tableau mouvant, où les masses de couleurs, se fondant l'une dans l'autre, se nuanceraient, s'absorberaient, s'étendraient, se limiteraient par des dégradations insensibles, — mieux encore, à une végétation sur un tronc commun, où le rameau isolé, s'assimilant tour à tour les parties qui ont servi à la vie de l'ensemble, s'accroît, fleurit, s'atrophie, meurt, selon que des causes diverses favorisent ou arrêtent son développement.

V

Ainsi, dès sa première apparition, le langage fut aussi complet que la pensée humaine qu'il représente ; mais ses parties confuses et comme liées entre elles attendaient des siècles leur parfait développement. Il est difficile, dans l'état présent des études philologiques, de tracer avec plus de précision les caractères de la langue que l'homme créa, lors du premier éveil de sa conscience. Ces caractères d'ailleurs durent être fort divers, si, comme de solides inductions portent à le croire, le langage s'est produit parallèlement chez des fractions distinctes de l'humanité. Il est cependant quelques traits de la spontanéité primitive que l'étude des langues, éclairée par une saine psychologie, nous permet de déterminer.

Le premier de ces traits fut sans doute le rôle prédominant que joua la sensation dans la création, ou, pour mieux dire, dans le choix du signe. De même que l'esprit humain revêt ses premières aperceptions, non de la forme générale, qui ne s'obtient qu'au moyen de l'élimination et de l'analyse, mais de la forme particulière, laquelle est en un sens plus synthétique, puisqu'elle renferme une donnée accessoire confondue avec la vérité absolue ; de même les langues primitives, ignorant presque entièrement l'abstraction, donnèrent une forme éminemment concrète à l'expression de la pensée. Sans doute, la raison pure s'y réfléchissait comme dans tous les produits des facultés humaines. L'exercice le plus humble de l'intelligence implique les notions les plus élevées. La parole aussi, à son état le plus simple, supposait des catégories transcendantes et absolues; mais tout était engagé dans une forme empruntée à la sensation. C'est ce que révèle d'une manière frappante l'étude des langues les plus anciennes. Tandis que leur système grammatical renferme la plus haute métaphysique, on y voit partout, dans les mots, une conception matérielle devenir le symbole d'une idée. Il semble que l'homme primitif ne vécût point avec lui-même, mais répandu sur le monde, dont il se distinguait à peine. « L'homme, a dit M. Maine de Biran, ne se sépare pas de prime abord des objets de ses représentations; il existe tout entier hors de lui; la nature est lui, lui est la nature[1]. » Ainsi *aliéné de lui-même*, il devient, comme dit Leibniz, le miroir concentrique où se peint cette nature dont il fait partie. Qui peut, dans notre état réfléchi, avec nos raffinements intellectuels et nos sens devenus grossiers, retrouver

---

[1] T. III de ses Œuvres, p. 42-43.

l'antique harmonie qui existait alors entre la pensée et la sensation, entre l'homme et la nature?

Le langage primitif fut donc le produit commun de l'esprit et du monde : envisagé dans sa forme, il était l'expression de la raison pure ; envisagé dans sa matière, il n'était que le reflet de la vie sensible. Ceux qui ont tiré le langage exclusivement de la sensation se sont trompés, aussi bien que ceux qui ont assigné aux idées une origine purement matérielle. La sensation a fourni l'élément variable et accidentel, qui aurait pu être tout autrement qu'il n'est, c'est-à-dire les mots; mais la forme rationnelle, sans laquelle les *mots* n'auraient point été une *langue*, en d'autres termes la grammaire, tel est l'élément pur et transcendant qui donne à l'œuvre un caractère vraiment humain. L'erreur du xviii° siècle fut de tenir trop peu de compte de la grammaire dans ses analyses du discours. Des sons ne forment point une langue, pas plus que des sensations ne font un homme. Ce qui fait le langage comme ce qui fait la pensée, c'est le lien logique que l'esprit établit entre les choses. Une fois qu'on a réservé cet élément supérieur à l'expérience, qui constitue l'originalité de l'esprit humain, on peut sans scrupule abandonner au monde inférieur tout ce qui ne fait, si j'ose le dire, que verser de la matière dans les moules préexistants de la raison.

Le *transport* ou la métaphore a été de la sorte le grand procédé de la formation du langage. Une analogie en a entraîné une autre, et ainsi le sens des mots a voyagé de la manière en apparence la plus capricieuse; souvent même la signification primitive a disparu, et n'a laissé subsister que les acceptions dérivées. De là, dans le sein d'une même famille de langues, cette diversité extraordinaire qui fait que des idiomes évidemment sortis d'une même tige, tels que le français, l'allemand, le russe, l'hindoustani, le persan, ayant divergé de plus en plus, ne se reconnaissent point à distance, et que la science la plus attentive peut seule en retrouver la fraternité. Chaque peuple s'est attaché dans la création des métaphores à des rapports divers, selon son caractère intime et la nature qui l'entourait; les analogies qui ont conduit l'homme du Nord n'ont pas été celles qui ont présidé aux associations d'idées de l'homme du Midi, et ainsi s'est formé cet étrange tissu de dérivations, devenu dans quelques-unes de ses parties absolument inextricable.

Prenons pour exemple l'hébreu, qui nous représente un état fort ancien du langage. On sent que le phénomène qui a servi d'occasion à la création des radicaux de cette langue, et en général des langues sémitiques, a été presque toujours physique. « Je conviens, dit Herder, que le penseur abstrait ne doit pas trouver la langue hébraïque très-parfaite; mais sa forme agissante en fait l'instrument le plus favorable au poëte. Tout en elle nous crie : Je vis, je me meus, j'agis ! je n'ai pas été créée par le penseur abstrait, par le philosophe profond, mais par les sens, par les passions !.... Cette langue, dit-il ailleurs, est énergique, mais il serait injuste de dire qu'elle est grossière. Je le répète, les mots le plus rudement exprimés sont des images et des sensations; la langue a été formée par des poitrines profondes et des organes neufs et robustes, mais sous un ciel pur et léger, et par une pensée vive et pénétrante, qui, saisissant toujours la chose elle-même, la marquait du sceau des passions [1]. » En effet, si l'on parcourt la série des racines qui nous sont restées de cette langue, à peine en trouve-t-on une seule qui n'offre un premier sens matériel, lequel, par des passages plus ou moins détournés, a été appliqué aux idées morales.

S'agit-il, par exemple, de peindre un sentiment de l'âme; l'hébreu a recours au mouvement organique, qui d'ordinaire en est le signe. Ainsi la *colère* s'exprime d'une foule de manières également pittoresques, et toutes empruntées à des faits physiques. Tantôt la métaphore est prise du *souffle* rapide et animé qui l'accompagne [2],

---

[1] *Esprit de la poésie des Hébreux*, Dial. 1 et 10.
[2] Le même mot signifie en hébreu *nez* et *colère*. Cette image se retrouve chez les Grecs. Καὶ οἱ ἀεὶ δριμεῖα χολὰ ποτὶ ῥινὶ κάθηται (Théocr., *Idyll.*, I, v. 48). —Τοῦ δ' ὠρίνετο θυμός, ἀνὰ ῥῖνας δέ οἱ ἤδη δριμὺ μένος προύτυψε (Odyss. XXIV, 318). —*Ira cadat naso* (Perse, Sat. V, 91). —Πρὸς τὴν ῥῖνα..... τῆς ῥινὸς οὐδὲν

tantôt de la *chaleur,* du *bouillonnement,* tantôt de l'action de *briser* avec fracas, tantôt du *frémissement,* de l'*écume* qui sort de la bouche de l'animal furieux. Le *découragement,* le *désespoir,* sont toujours exprimés dans cette langue par la *liquéfaction* intérieure, la *dissolution du cœur ;* la *crainte,* par le *relâchement des reins.* L'*orgueil* se peint par l'*élévation de la tête,* la taille haute et roide. La *patience,* c'est la *longueur* (longanimité); l'*impatience,* la *brièveté.* Le *désir,* c'est la *soif* ou la *pâleur.* Le *pardon* se rend par une foule de métaphores empruntées à l'idée de *couvrir, cacher,* passer sur une faute un enduit qui l'efface. Dans le Livre de Job, Dieu coud les péchés dans un sac, y met son sceau, puis le jette derrière son dos; tout cela pour signifier *oublier. Remuer sa tête, se regarder les uns les autres, laisser tomber ses bras,* etc., sont autant de tours que l'hébreu préfère de beaucoup pour rendre le *dédain,* l'*indécision,* l'*abattement,* aux expressions purement psychologiques. On peut même

---

χελῶδες (Philostr. *Icon.*, II, 11 et 12). — Cf. Winckelmann, *Hist. de l'art,* t. I, l. IV, c. 3.

dire que l'hébreu manque complétement d'expressions de ce genre. Quand il emploie des mots que l'usage a consacrés ultérieurement au sens moral, il aime à y ajouter la peinture de la circonstance physique : « Il se mit en colère, et son visage s'enflamma[1] »;.... « il ouvrit la bouche, et dit » .... etc.

D'autres idées plus ou moins abstraites ont reçu, dans la même langue, leur signe d'un procédé semblable. L'expression du *vrai* se tire de la solidité, de la stabilité ; celle du *beau*, de la splendeur ; celle du *bien*, de la rectitude ou de la bonne odeur ; celle du *mal*, de la déviation, de la ligne courbe ou de la puanteur. *Faire* ou *créer*, c'est primitivement *tailler, couper*; *décider* quelque chose, c'est *trancher*[2]; *penser*, c'est *parler*, comme chez certaine peuplade de l'Océanie, qui, pour *penser*, dit *parler dans son ventre*[3]. L'os

---

[1] « Il se mit en colère, et son visage *tomba* » (Gen. III, 5), pour exprimer un dépit sournois et concentré.

[2] Le sens des mots *décider*, allem. *entscheiden*, μείρομαι (εἱμαρμένη), κρίνειν, *decernere*, est fondé sur la même métaphore.

[3] Gesenius, *Lexicon manuale*, p. 75.—*Journal des Savants*, 1817, p. 433 et suiv.

signifie la substance, l'intime d'une chose, et sert en hébreu d'équivalent au pronom *ipse*.

Toutes les langues présenteraient du reste des faits analogues, avec des dégrés divers d'évidence, selon qu'elles sont restées plus ou moins fidèles à l'esprit primitif. Ainsi, dans notre langue, les mots *penchant, aversion, inclination*, et une foule d'autres expriment des états de l'âme par des attitudes du corps. En grec, ἐφίεμαι, ὀρέγομαι, *désirer*, signifient proprement *aller vers, s'étendre vers*. Πλημμελέω, signifie *chanter faux* (πλὴν μέλος), et par suite *commettre une faute*. Le souffle dans toutes les langues est devenu synonyme de la *vie*, à laquelle il sert de signe physique. C'est une chose bien digne de réflexion que les termes les plus abstraits dont se serve la métaphysique aient tous une racine matérielle, apparente ou non, dans les premières perceptions d'une race toute sensitive [1]. Le verbe *être*, dont M. Cousin

---

[1] Locke, *Essai*, l. III, c. 1, § 5.—Leibniz, *Nouv. Essais sur l'entendement humain*, l. III, c. 1, § 5. Comparer une curieuse dissertation de M. Pott, dans la *Zeitschrift für vergleichende Sprachforschung*, de MM. Aufrecht et Kuhn, t. II, p. 101 et suiv.

disait hardiment en 1829[1] : « Je ne connais aucune langue où le mot français *être* soit exprimé par un correspondant qui représente une idée sensible ; » le verbe *être*, dis-je, dans presque toutes les langues, se tire d'une idée sensible. L'opinion des philologues qui assignent pour sens premier au verbe hébreu *haia* ou *hawa* *être*, celui de *respirer*, et cherchent dans ce mot des traces d'onomatopée, n'est pas dénuée de vraisemblance. En arabe et en éthiopien, le verbe *kâna*, qui joue le même rôle, signifie primitivement *se tenir debout* (*exstare*). *Koum* (*stare*) en hébreu passe aussi dans ses dérivés au sens d'*être* (*substantia*)[2]. Quant aux langues indo-européennes, elles ont composé leur verbe substantif avec trois verbes différents[3] : 1° *as* (sanscr. *asmi*, ἐμμί, εἰμί, *sum*); 2° *bhû* (φύω, *fui*, allem. *bin*, persan *bouden*); 3° *sthâ* (*stare*, persan *hestem*), devenu partie du verbe *être*, au moins comme

---

[1] *Cours* de 1829, 29ᵉ leçon.
[2] Gesenius, *Thes. n. h. v.*
[3] Cf. Bopp, *Conjugationssystem der Sanskritsprache*, p. 88 et suiv.—Benfey, *Griechisches Wurzellexicon*, I, 24 et suiv., II, 105 et suiv.

auxiliaire, dans les **langues modernes de l'Inde** et dans les langues romanes (*stato, été*)[1]. De ces trois verbes, le troisième est notoirement un verbe physique et signifie se *tenir debout*[2]. Le deuxième a eu très-vraisemblablement le sens primitif de *souffler*[3]. Quant au troisième, il paraît se rattacher au pronom de la troisième personne ; mais ce pronom lui-même, quelque abstrait qu'il soit, semble se rapporter à un sens primitivement concret[4].

Ces passages d'idées si hardis, fondés sur des analogies si déliées, nous étonnent, parce qu'ils n'ont plus de place dans l'état actuel de l'esprit humain. Il faut admettre chez les premiers parlants un sens spécial de la nature, qui donnait à tout une signification, voyait l'âme dans le dehors et le dehors dans l'âme. Ce serait un vrai malentendu de considérer comme un grossier matérialisme, ne comprenant, ne sentant que le corps, l'état sensitif où vécurent les créateurs du lan-

---

[1] Il faut y joindre l'espagnol *sido* de *situs*.
[2] Bopp, *Glossarium sanscritum*, p. 367.
[3] Pott, *Etymologische Forschungen*, I, p. 217.
[4] *Ibid.* p. 372.

gage : c'était au contraire une haute harmonie, grâce à laquelle l'homme voyait l'un dans l'autre, exprimait l'un par l'autre les deux mondes ouverts devant lui. Le parallélisme du monde physique et du monde intellectuel fut le trait distinctif des premiers âges de l'humanité. Là est la raison de ces symboles, transportant dans le domaine des choses religieuses le procédé qui avait servi au développement du langage; là est la raison de cette écriture idéologique, donnant un corps à la pensée et appliquant à la représentation écrite des idées le même principe qui présida à leur représentation par les sons. En effet, le système de nomenclature que nous avons décrit est-il autre chose qu'un symbolisme, un hiéroglyphisme continuel, et tous ces faits ne se groupent-ils pas pour témoigner de l'étroite union qui, à l'origine, existait entre l'âme et la nature ?

Toutefois, comme un tel état était loin d'exclure l'exercice de la raison, mais la tenait seulement enveloppée dans des images concrètes, nous croyons qu'on doit admettre comme primitifs dans leur signification les mots métaphysiques qui correspondent à des catégories essentielles de l'esprit, et sans lesquels les données de la sensation elles-mêmes seraient incomplètes, comme sont les pronoms personnels, les particules simples[1] et peut-être certaines formes du verbe *être*. Ces mots appartiennent tout autant à la grammaire qu'à la lexicologie; or la grammaire est tout entière l'œuvre de la raison; la sensation n'y a eu aucune part. La distinction des mots *pleins* et des mots *vides*, qui dominait l'ancienne grammaire[2], trouve ici sa parfaite application. Les premiers, qu'on pourrait appeler *mots objectifs*, désignant des choses et formant un sens par

---

[1] Quelques philologues ont voulu trouver la raison du *vav*, qui dans toutes les langues sémitiques correspond à la conjonction copulative *et*, dans le sens même du mot *vav*, qui signifie *crochet*, *cheville*. De pareilles conjectures sont, du moins, aussi vraisemblables que celle d'après laquelle μέν viendrait de μένω et δέ de δέω. Cf. Hoogeveen, *Doctrina particularum linguæ græcæ*, c. 14 et 26. Consulter deux dissertations de M. Bopp: *Ueber einige Demonstrativstämme und ihren Zusammenhang mit verschiedenen Präpositionen und Conjunctionen im Sanskrit und den mit ihm verwandten Sprachen* (Berlin, 1830), et *Ueber den Einfluss der Pronomina auf die Wortbildung im Sanskrit und den mit ihm verwandten Sprachen* (Berlin, 1832).

[2] *Grammaire générale* de Port-Royal, IIe part., ch. 13, 23.— Cf. Aristote, *Poét.*, ch. xx.

eux-mêmes, ont tous eu pour cause de leur apparition un phénomène extérieur; les seconds, qu'on pourrait appeler *mots subjectifs*, ne désignant qu'une relation ou une vue de l'esprit, ont dû souvent avoir une cause purement psychologique. Cette réserve ou, pour mieux dire, cette distinction une fois faite, la loi générale que nous avons établie conserve sa parfaite vérité.

VI

Nous avons essayé de montrer comment, dans la désignation des idées métaphysiques et morales, l'humanité primitive se laissa guider par les analogies du monde physique. Mais, dans l'expression des choses physiques elles-mêmes, quelle loi suivirent les premiers nomenclateurs ? L'imitation ou l'onomatopée paraît avoir été le procédé ordinaire d'après lequel ils formèrent les appellations. La voix humaine étant à la fois *signe* et *son*, il était naturel que l'on prît le son de la voix pour signe des sons de la nature. D'ailleurs, comme le choix de l'appellation n'est point arbitraire, et que jamais l'homme ne se décide à assembler des sons au hasard pour en faire les signes de la pensée, on peut affirmer que de tous les mots actuellement usités, il n'en est pas un seul qui n'ait eu sa raison suffisante, et ne se rattache, à travers mille transformations, à une élection primitive. Or, le motif déterminant pour le choix des mots a dû être, dans la plupart des cas, le désir d'imiter l'objet qu'on voulait exprimer. L'instinct de certains animaux suffit pour les porter à ce genre d'imitation, qui, faute de principes rationnels, reste chez eux infécond.

La langue des premiers hommes ne fut donc, en quelque sorte, que l'écho de la nature dans la conscience humaine. Les traces de la sensation primitive se sont profondément effacées, et il serait maintenant impossible, dans la plupart des langues, de retrouver les sons auxquels elles durent leur origine ; toutefois, certains idiomes conservent encore le souvenir des procédés qui présidèrent à leur création. Dans les langues sémitiques et dans l'hébreu en particulier, la formation par onomatopée est très-sensible pour un grand nombre de racines, et pour celles-là surtout qui portent un caractère marqué d'antiquité et de monosyllabisme. Bien que plus rare ou plus difficile à découvrir dans les langues indo-européennes, l'onomatopée perce encore dans les rameaux même les plus cultivés de cette famille, à tel point que les premiers qui, chez les Grecs, tournèrent leurs réflexions vers le langage s'en laissèrent éblouir, et furent entraînés au système dangereux de l'union essentielle du mot et du sens[1]. La rupture, par exemple, pouvait-elle s'exprimer d'une manière plus pittoresque que par la racine ῥαγ (ῥήγνυμι, ῥήσσω, ῥώξ); sanscrit : *rug*; celto-breton : *rogan*; ou par sa forme latine

---

[1] Τὰ γὰρ ὀνόματα μιμητικά ἐστι (Arist., Rhétor., l. III, c. 1, § 2). La question, célèbre dans les écoles de l'antiquité : Φύσει τὰ ὀνόματα ἢ θέσει, était généralement résolue dans le sens de φύσει, mais souvent par des raisons bien frivoles. (V. Auli Gellii *Noct. Att.*, l. X., c. 4). Cf. Egger, *Apollonius Dyscole*, p. 62 et suiv.; Lersch, *Sprachphilosophie der Alten*, 1re partie.

frac; allemand : *brechen*[1]? *Frem, strep, strid,* ne sont-ils pas également la peinture naturelle du bruit dans ses diverses nuances? Les anciens philologues ont rassemblé de nombreux exemples de ce genre d'imitation dans nos langues occidentales[2].

On objecterait en vain contre cette théorie la différence des articulations par lesquelles les peuples divers ont exprimé un fait physique identique. En effet, un même objet se présente aux sens sous mille faces, entre lesquelles chaque famille de langues choisit à son gré celle qui lui parut caractéristique. Prenons pour exemple le tonnerre. Quelque bien déterminé que soit un pareil phénomène, il frappe diversement l'homme, et peut être également dépeint ou comme un

---

[1] La racine *frac, brach,* est identique à la racine ραγ. L'*f* ou le *b* initial représentent l'aspiration inséparable de l'*r* et indiquée en grec par l'esprit rude ou le digamma. De même βράχος éolien pour ράχος. Benfey, *Griech. Wurzeller.* II, p. 14.

[2] Leibniz, *Nouv. Essais,* liv. III, c. 1 et 2. — Voir aussi les travaux de l'école hollandaise, Dan. de Lennep. *De Analogia linguæ græcæ,* c. 3, et Scheid, *Observationes ad Lennep, De Analogia,* p. 256, 260, 439.

bruit sourd, ou comme un craquement, ou comme une subite explosion de lumière, etc. De là une multitude d'appellations : Adelung dit en avoir rassemblé plus de 353, toutes empruntées aux langues européennes, et toutes évidemment formées sur la nature. Ajoutons que si dans bien des cas l'onomatopée n'est plus sensible, cela tient à certaines particularités d'organe ou de prononciation qui donnent aux articulations une valeur différente dans la bouche des peuples divers. Le mot chinois *ley* n'est guère imitatif pour le tonnerre ; il le devient pourtant, si l'on considère que *l* représente *r* (*rey*), dans les habitudes de cette langue. Il en est de même du groënlandais *kallak karrak*), et du mexicain *tlatlatnitzel* (*tratrat...*)[1].

C'est par ces racines imitatives que s'opère en apparence la réunion de familles de langues profondément distinctes sous le rapport du lexique et de la grammaire. Le même procédé a amené le même résultat sur plusieurs points à la fois, et l'unité de l'objet a entraîné l'unité de l'imi-

---

[1] Cf. Adelung, *Mithridates*, t. 1., Disc. prélim., p. XIV. Comp. J. Grimm, *Ueber die Namen des Donners* (Berlin, 1855).

tation. C'est ainsi que le radical *lh* ou *lk* sert de base à une famille de mots fort étendue, qui se retrouve dans les langues sémitiques et dans les langues indo-européennes pour exprimer l'action de lécher ou avaler. Hébreu : *louah* (avaler), *lahak* (lécher); syriaque : *lah* (lécher); arabe : *lahika* (id.); sanscrit : *lih* (id.), *lak, lag* (goûter); λείχω, *lingo, ligurio, lingua, lechen, to lick, leccare, lécher* [1]. Il en est de même de *grf* marquant l'action de saisir, de *kr* marquant le cri, etc.

Il serait trop rigoureux d'exiger du linguiste la vérification de la loi d'onomatopée dans chaque cas particulier. Il y a tant de relations imitatives qui nous échappent et qui frappaient vivement les premiers hommes! La sensibilité était chez eux d'autant plus délicate que les facultés rationnelles étaient moins développées. Les sens du sauvage saisissent mille nuances imperceptibles, qui échappent aux sens ou plutôt à l'attention de l'homme civilisé. Peu familiarisés avec la nature,

---

[1] Cf. Gesenius, *Lexicon man.*, p. 527, 529; Bopp, *Glossarium sanscritum*, p. 301, 283; Pott, *Etymol. Forschungen*, I, p. 263; Benfey, *Griech. Wurz.* II, p. 28.

nous ne voyons qu'uniformité dans les accidents où les peuples nomades et agricoles ont vu de nombreuses diversités. C'est ainsi que la langue hébraïque, d'ailleurs si pauvre, possède une grande variété de mots pour exprimer les objets naturels, comme la pluie, etc. Cette richesse de synonymes est portée dans l'arabe à un point presque incroyable. Un philologue arabe composa, dit-on, un livre sur les noms du lion, au nombre de 500, un autre sur ceux du serpent, au nombre de 200. Firuzabadi, l'auteur du *Kâmous*, dit avoir écrit un livre sur les noms du miel, et avoue qu'après en avoir compté plus de 80, il était resté incomplet. Le même auteur assure qu'il existe au moins 1000 mots pour signifier l'épée, et d'autres (ce qui est plus croyable) en ont trouvé 400 pour exprimer le malheur [1]. La légende peut avoir beaucoup de part en de tels récits [2] : mais un travail qui ne permet aucun doute sur l'exu-

---

[1] Pocoke, *Specimen hist. Arabum*, p. 158 (édit. White).
[2] M. de Hammer m'écrivait qu'un dépouillement exact du *Kamous* l'avait amené à regarder ces récits comme des anecdotes hyperboliques.

bérante synonymie de l'arabe est celui de M. de Hammer, qui, dans un mémoire spécial[1], a énuméré les uns après les autres les mots relatifs au chameau et en a trouvé 5744. Le lapon compte de même environ 30 mots pour désigner le renne selon son sexe, son âge, sa couleur, etc. L'ancien saxon en avait, dit-on, plus de 15 pour désigner la mer, qui pourtant n'offre pas de variétés spécifiques.

Il faut admettre chez les premiers hommes un tact délicat, qui leur faisait saisir avec une finesse dont nous n'avons plus d'idée les qualités des choses susceptibles de servir de motif aux appellations. La faculté d'interprétation, qui n'est qu'une sagacité extrême à saisir les rapports, était en eux plus développée que chez nous; ils voyaient mille choses à la fois. N'ayant plus à créer le langage, nous avons en quelque sorte désappris l'art de donner des noms aux choses : mais les hommes primitifs possédaient cet art, que l'enfant et

---

[1] *Das Kamel* (Mém. de l'Acad. de Vienne, classe de philosophie et d'hist. t. VII.) Les noms de vêtements arabes, si savamment recueillis par M. Dozy, dans un ouvrage fort étendu et pourtant incomplet, fournissent un exemple du même genre.

l'homme du peuple appliquent encore avec tant de hardiesse et de bonheur. La nature leur parlait plus qu'à nous, ou plutôt ils trouvaient en eux-mêmes un écho secret qui répondait à toutes les voix du dehors, et les rendait en articulations, en parole. De là ces brusques passages dont la raison est perdue pour nos esprits accoutumés à des procédés lents et pénibles. Qui pourrait ressaisir les impressions fugitives des naïfs créateurs du langage dans des mots qui ont subi tant de changements et qui sont si loin de leur acception originelle? Qui pourra retrouver les sentiers capricieux que suivit l'imagination, et les associations d'idées qui la guidèrent, dans cette œuvre spontanée, où tantôt l'homme, tantôt la nature renouaient le fil brisé des analogies, et croisaient leur action réciproque dans une indissoluble unité?

Il ne faudrait pas croire d'ailleurs que l'imitation par onomatopée ait été le seul moyen qu'employèrent les premiers nomenclateurs. Une foule d'autres procédés, actuellement perdus, ou réduits à un chétif emploi et comme à l'état rudimentaire, durent contribuer au travail d'où sortit le langage. Il n'est pas d'habitude plus funeste à la science que celle de réduire tous les faits à ressortir d'une même explication, et d'élever l'édifice entier d'une théorie sur une seule base. « En fait de langues, dit M. G. de Humboldt, il faut se garder d'assertions générales. » — « C'est une supposition tout à fait gratuite et vraiment erronée, dit Fr. Schlegel, que d'attribuer partout une origine identique au langage et au développement de l'esprit humain. La variété à cet égard est au contraire si grande que, dans le nombre des langues, on en trouverait à peine une qui ne puisse être employée comme exemple pour confirmer l'une des hypothèses imaginées sur l'origine des langues[1]. » Ainsi l'onomatopée est loin de se trouver dans toutes les langues au même degré. Presque exclusivement dominante chez les races sensitives, comme chez les Sémites, elle apparaît beaucoup moins dans les langues indo-européennes. Le sanscrit possède certains mots qui semblent

---

[1] *Ueber die Sprache und Weisheit der Indier*, part. 1re, c. 5.

n'avoir jamais eu qu'un sens métaphysique. « La langue indienne, dit encore Schlegel, est presque tout entière un vocabulaire philosophique ou plutôt religieux... Elle fournit une nouvelle preuve pour démontrer que l'état primitif de l'homme n'a pas été partout un état analogue à celui de la brute, dans lequel l'homme aurait reçu, après de longs et pénibles efforts, sa faible et incohérente participation à la lumière de la raison. Elle montre, au contraire, que si ce n'est partout, du moins dans la région qui nous occupe, l'intelligence la plus claire et la plus pénétrante a existé dès le commencement parmi les hommes. En effet, il ne fallait rien moins qu'une pareille vertu pour créer une langue qui, même dans ses premiers et plus simples éléments, exprime les plus hautes notions de la pensée pure et universelle, ainsi que l'entier linéament de la conscience, et cela non par des figures, mais par des expressions tout à fait directes et claires[1]. » Il y a quelque chose à rabattre de cet enthousiasme naturel

---

[1] Ibid. Voyez aussi *Philosophische Vorlesungen*, p. 57, 67-69.

au début d'une étude féconde en résultats nouveaux : le sanscrit ne saurait être plus exclusivement spiritualiste que les autres membres de la famille indo-européenne, dont il fait partie[1]. Il est certain cependant que plus on remonte vers l'antiquité, plus on le trouve net et immédiat. Les Védas, qui nous présentent un reflet si pur du génie arien primitif, offrent un singulier mélange de métaphysique et d'imagination, où les instincts à la fois philosophiques et poétiques de notre race se trahissent avec beaucoup d'originalité.

En résumé, le caprice n'a eu aucune part dans la formation du langage. Sans doute, on ne peut admettre qu'il y ait une relation intrinsèque entre le nom et la chose. Le système que Platon a si subtilement développé dans le *Cratyle*[2], cette

---

[1] Plusieurs mots se rapportant à des choses intellectuelles sont empruntés dans cette langue à des images physiques. Ainsi *comprendre*, c'est *se tenir au-dessus de*... Comparez l'allemand *ver-stehen*, le grec ἐπίστασθαι, ἐπίστασις. La même métaphore existe en arabe.

[2] Ce système est celui de tous les peuples enfants. Les sauvages se montrent très-curieux de savoir le nom des objets qui leur sont inconnus : ils semblent supposer dans ce nom quelque chose d'absolu. La même idée se retrouvait au fond de l'expérience de Psammétique. Nos aïeux du XIIIe

thèse qu'il y a des dénominations naturelles et que la propriété des mots se reconnait à l'imitation plus ou moins exacte de l'objet, pourrait tout au plus s'appliquer aux noms formés par onomatopée, et pour ceux-ci mêmes, la loi dont nous parlons n'établit qu'une convenance. Les appellations n'ont point uniquement leur cause dans l'objet appelé (sans quoi elles seraient les mêmes dans toutes les langues), mais dans l'objet appelé vu à travers les dispositions personnelles du sujet appelant. Jamais, pour désigner une chose nouvelle, on ne prend le premier nom venu [1]; et

siècle prenaient aussi le français pour la langue naturelle de tous les humains. Un des historiens de saint Louis rapporte qu'un jeune homme né sourd-muet, aux extrémités de la Bourgogne, fut guéri miraculeusement au tombeau du saint roi, et se mit incontinent à parler, non la langue de son pays, mais celle de la capitale. (*Hist. littér. de la France*, t. XVI, p. 159.)

[1] Les curieux exemples que M. Charma (*Essai sur le langage*, Paris, 1846, p. 66), a réunis pour prouver le contraire n'appartiennent point à un langage réel, mais à une sorte d'argot ou de langage artificiel. Or, l'argot ne prouve rien contre notre thèse, laquelle ne s'applique qu'aux langues créées pour l'usage sérieux de la vie. Il serait facile d'ailleurs de prouver que l'argot n'est point aussi arbitraire dans sa formation qu'il le paraît au premier coup d'œil. V. Pott, *Die Zigeuner*, t. II, in-

si, pour désigner cette chose, on choisit telle ou telle syllabe, un tel choix a sa raison d'être. Rien de plus admirable que la puissance d'expression de l'enfant et la fécondité qu'il déploie pour se créer un langage propre, avant qu'on lui ait imposé la langue officielle. Les analogies secrètes et souvent insaisissables d'après lesquelles les gens du peuple forment les sobriquets, les noms de lieux et, en général, tous les mots qui ne leur ont pas été imposés par l'usage, ne sont pas pour l'observateur un moindre sujet d'étonnement. Le lendemain du jour où une armée s'est établie dans un pays inconnu, tous les endroits importants ou caractéristiques ont des noms, sans qu'aucune convention soit intervenue. Il en fut de même pour les dénominations primitives. La raison qui a déterminé le choix des premiers hommes peut nous

---

trod.; l'*Essai sur les langues fourbesques* de B. Biondelli, dans les *Studj linguistici* de cet auteur (Milano, 1856), et les *Études de philologie comparée sur l'argot* de M. Fr. Michel (Paris, 1856). La chimie, qui, à une certaine époque, eut la prétention de ne donner aux corps simples que des noms dénués de toute signification, a renoncé à cet usage, à cause des ridicules et des impossibilités qu'il entraînait.

échapper; mais elle a existé. La liaison du sens et du mot n'est jamais *nécessaire*, jamais *arbitraire*; toujours elle est *motivée*.

VII

Un autre caractère que les progrès de la philologie comparée nous autorisent à assigner aux langues primitives, comme en général aux premières créations de l'esprit humain, c'est la synthèse et l'exubérance des formes. On se figure trop souvent que la simplicité, qui relativement à nos procédés analytiques est antérieure à la complexité, l'est aussi dans l'ordre des temps.

C'est là un reste des vieilles habitudes de la scolastique et de la méthode artificielle que les logiciens portaient dans la psychologie. De ce que le *jugement*, par exemple, se laisse décomposer en *idées* ou pures appréhensions dénuées de toute affirmation, l'ancienne logique concluait que la pure appréhension précède dans l'esprit le jugement affirmatif. Or, le jugement est, tout au contraire, la forme naturelle et primitive de l'exercice de l'entendement : l'idée, comme l'entendent les logiciens, n'est qu'un fragment de l'action totale par laquelle procède l'esprit humain. Loin que celui-ci débute par l'analyse, le premier acte qu'il pose est au contraire complexe, obscur, synthétique ; tout y est entassé et indistinct. « Des hommes grossiers, dit Turgot, ne font rien de simple. Il faut des hommes perfectionnés pour y arriver [1]. »

La formation des catégories grammaticales fournit un exemple du principe que nous cherchons à établir. En analysant les langues les plus

---

[1] Œuvres, t. II, p. 109.

anciennes, on voit peu à peu s'effacer les limites de ces catégories, et on arrive à une racine fondamentale qui n'est ni verbe, ni adjectif, ni substantif, mais qui est susceptible de devenir tout cela. Il y a même quelques langues qui n'ont jamais dépassé ce premier état, et qui ne sont jamais parvenues à se faire un système complet de catégories grammaticales. Telle est, par exemple, la langue chinoise, qui ne fonde point sa grammaire sur la classification des mots, mais fixe par d'autres procédés les rapports des idées. Telles aussi auraient été à leur origine, selon une séduisante hypothèse, les langues sémitiques : il est certain du moins qu'en perçant profondément sous leur forme actuelle, on voit s'évanouir toutes les catégories, et apparaître un radical neutre et apte à revêtir toutes les formes. Est-ce là une raison pour dire que le radical pur a en effet précédé la distinction des noms et des verbes ? Non, certes. Le thème primitif qui se cache sous les formes dérivées, bien qu'il constitue seul la partie essentielle de ces formes, n'a jamais existé à l'état simple. Dire qu'il n'y avait à l'origine ni noms ni verbes est aussi faux que de dire qu'il n'y avait à l'origine que des noms et que des verbes. L'idée s'est exprimée d'abord avec tout son cortége de déterminatifs et dans une parfaite unité.

L'histoire des différents systèmes de conjugaison donne lieu à des considérations analogues. Dans nos langues modernes, le sujet, le verbe, ainsi que plusieurs des relations de temps, de modes et de voix, sont exprimés par des mots isolés et indépendants. Dans les langues anciennes, au contraire, ces idées sont le plus souvent accumulées dans un mot unique et exprimées par une flexion. Le seul mot *amabor* renferme l'idée d'aimer, la notion de la première personne, celle du futur et celle du passif. L'allemand en disant : *Ich werde geliebt werden* représente ces quatre notions par quatre mots séparés. Ἐγώ εἰμι λύων serait sans doute beaucoup plus analytique que λύω, et, à entendre les grammairiens, on serait parfois tenté de croire que telle était la forme primitive. Pourtant, il n'est pas douteux qu'on n'ait débuté par l'expression composée, et que l'esprit, avant de disséquer la pensée et de l'exprimer partie par partie, n'ait d'abord cherché à le rendre dans son unité[1]. L'agglutination dut être le procédé dominant du langage des premiers hommes, comme la synthèse ou plutôt le syncrétisme fut le caractère de leur pensée. De là cette influence réciproque des mots, grâce à laquelle la période est comme un tout dont les parties sont connexes. De là cette construction savante, disposant les parties de la phrase avec tant d'harmonie que l'intelligence de l'une d'elles suppose la vue collective de l'ensemble. De là, enfin, dans l'écriture ancienne, cette absence de ponctuation, cette réunion des mots qui semble ne faire de tout le discours qu'une seule proposition.

L'étude des langues confirme ces résultats d'une manière décisive. La langue de l'enfant, en apparence plus simple, est en réalité plus compréhensive et plus resserrée que celle où s'explique terme à terme la pensée de l'âge mûr. Les linguis-

---

[1] Tout ceci a été fort bien entrevu, avant la création de la philologie comparée, par Adam Smith, dans ses *Considérations sur l'origine et la formation des langues*, à la suite de sa *Théorie des sentiments moraux*.

tes ont été surpris de trouver chez les peuples qu'on peut regarder comme primitifs des langues synthétiques, riches, compliquées, si compliquées même que c'est le besoin d'un langage plus facile qui a porté les générations postérieures à analyser la langue savante des ancêtres[1]. Ainsi le groënlandais ne fait qu'un seul mot de tous les mots d'une phrase, et conjugue ce mot comme un verbe simple[2]. L'aztèque et la plupart des langues américaines poussent jusqu'à un point que l'on croirait à peine la composition et l'agglutination des mots[3] : chaque phrase de ces langues n'est qu'un

---

[1] Cette grande loi n'a été exposée par personne avec plus de développements et de précision que par M. Fauriel. Voir son ouvrage posthume : *Dante et les Origines de la langue et de la littérature italiennes*, t. II, 1re, 2e et 3e leçon. On peut consulter aussi un article du même auteur dans la *Revue indépendante* 25 juillet 1843 et la notice de M. Ozanam : *M. Fauriel et son enseignement* (*Correspondant*, 10 mai 1845).

[2] Cf. Balbi, *Atlas ethnographique*, tab. XXXVI.

[3] A. de Humboldt, *Vues des Cordillères*, texte, p. 59 et 316; G. de Humboldt, *Lettre à Abel Rémusat*, p. 52; Du Ponceau, *Mémoire sur le système grammatical de quelques nations indiennes de l'Amérique du Nord*, Paris, 1838. Pour quelques restrictions, voir l'article sur les langues américaines de M. Aubin, dans l'*Encyclopédie du XIXe siècle*.

verbe dans lequel sont insérées toutes les autres parties du discours. Le lapon et les langues de la mer Pacifique donnent lieu, selon M. Abel Rémusat et M. G. de Humboldt, à la même remarque [1]. Le mongol décline un firman tout entier, et le sanscrit, surtout celui des commentateurs, remplace la syntaxe par des flexions, déclinant aussi en quelque sorte la pensée elle-même. Le basque enfin, que M. G. de Humboldt regarde comme une des langues restées les plus fidèles à l'esprit primitif, possède jusqu'à onze modes pour le verbe [2], et une prodigieuse variété de formes grammaticales et de flexions [3].

Il serait possible, en prenant l'une après l'autre les langues de tous les pays où l'humanité a une histoire, d'y vérifier cette marche de la synthèse à l'analyse, qui est la marche même de l'esprit humain. Partout, une langue ancienne a fait place

---

[1] G. de Humboldt, *Lettre à Abel Rémusat*, p. 74.

[2] Indicatif, consuétudinaire, potentiel, volontaire, forcé, nécessaire, impératif, subjonctif, optatif, pénitudinaire, infinitif.

[3] Voir l'*Essai sur le basque* de G. de Humboldt, à la suite du *Mithridate* d'Adelung et Vater.

à un idiome vulgaire, qui ne constitue pas à vrai dire une langue différente, mais plutôt un âge différent de la langue qui l'a précédé. Celle-ci, plus savante, chargée de flexions pour exprimer les rapports des mots, plus riche même dans son ordre d'idées, bien que cet ordre fût comparativement restreint, semble une image de la spontanéité primitive, où l'esprit confondait les éléments dans une obscure unité, et perdait dans le tout la vue analytique des parties. Le dialecte moderne, au contraire, plus clair, plus explicite, séparant ce que les anciens assemblaient, brisant les mécanismes de l'ancienne langue pour donner à chaque idée et à chaque relation son expression isolée, correspond à un progrès d'analyse et à un besoin de plus en plus impérieux de prompte compréhension.

Si nous parcourons, par exemple, les diverses branches de la famille indo-européenne, au-dessous des idiomes de l'Inde, nous trouverons le sanscrit avec son admirable richesse de formes grammaticales, ses huit cas, ses six modes, ses désinences nombreuses qui énoncent avec l'idée principale une foule de notions accessoires. Mais bientôt ce riche édifice se décompose. Dès l'époque d'Alexandre, nous trouvons des dialectes vulgaires issus de la langue antique employés dans les édits du gouvernement; les premiers écrits bouddhistes eux-mêmes paraissent avoir été fortement empreints d'une physionomie populaire [1]. Le pali, qui représente ce premier âge d'altération, est empreint d'un remarquable esprit d'analyse. « Les lois qui ont présidé à la formation du pali, dit M. Eugène Burnouf, sont celles dont on retrouve l'application dans d'autres idiomes; ces lois sont générales, parce qu'elles sont nécessaires... Les inflexions organiques de la langue mère subsistent en partie, mais dans un état évident d'altération. Plus généralement elles disparaissent, et sont remplacées, les cas par des particules, les temps par des verbes auxiliaires. Ces procédés varient d'une langue à l'autre, mais le principe est toujours le même; c'est toujours

---

[1] Burnouf, *Introd. à l'hist. du Buddh. indien*, I, p. 105, et *Le Lotus de la bonne loi*, append. x.—Lassen, *Indische Alterthumskunde*, II, p. 222, 486 et suiv.—Weber, *Akademische Vorlesungen über indische Literaturgeschichte*, p. 167 et suiv.

l'analyse, soit qu'une langue synthétique se trouve tout à coup parlée par des barbares, qui, n'en comprenant pas la structure, en suppriment et en remplacent les inflexions; soit qu'abandonnée à son propre cours, et à force d'être cultivée, elle tende à décomposer et à subdiviser les signes représentatifs des idées et des rapports, comme elle décompose et subdivise sans cesse les idées et les rapports eux-mêmes. Le pali paraît avoir subi ce genre d'altération : c'est du sanscrit, non pas tel que le parlerait une population étrangère pour laquelle il serait nouveau, mais du sanscrit pur, s'altérant et se modifiant lui-même à mesure qu'il devient plus populaire [1]. » Le prâkrit, qui représente le second âge d'altération de la langue ancienne [2], est soumis aux mêmes analogies : il est

---

[1] V. *Essai sur le pali* de MM. Burnouf et Lassen, p. 140-141. Je dois dire cependant que, selon d'habiles connaisseurs, le pali serait un idiome primitif parallèle au sanscrit et non dérivé du sanscrit. On trouve, en effet, dans le pali des formes propres de déclinaison et de conjugaison qui ne s'expliquent pas suffisamment par l'altération de la langue classique. Il en serait de même de plusieurs autres dialectes de l'Inde.

[2] *Ibid.*, p. 158-159, 189.—Lassen, *Institutiones linguæ pracriticæ*, p. 39, 50 et suiv.

moins riche, moins savant, plus simple et plus plat. Le kawi, enfin, autre corruption du sanscrit, formée sur une terre étrangère, participe aux mêmes caractères. C'est du sanscrit privé de ses inflexions, et employant à leur place les prépositions et les verbes auxiliaires des dialectes de Java[1]. — Mais ces trois langues elles-mêmes, formées par dérivation du sanscrit, éprouvent bientôt le même sort que leur mère. Elles deviennent à leur tour langues mortes, savantes et sacrées: le pali, dans l'île de Ceylan et l'Indo-Chine; le prâkrit, chez les Djainas; le kawi, dans les îles de Java, Bali et Madoura; et à leur place s'élèvent des dialectes plus populaires encore: l'hindoui, le bengali, le mahratte et les autres idiomes vulgaires de l'Hindoustan.

Dans la région iranienne, le zend, le pehlvi, le pazend ou parsi sont remplacés par le persan moderne. Or le zend, avec ses mots longs et compliqués, son manque de prépositions et sa manière

---

[1] Cf. Crawfurd, *Asiatic Researches*, de la Société de Calcutta, vol XIII, p. 161; W. Schlegel, *Indische Bibliothek*, t. I, p. 407 et suiv., et surtout W. de Humboldt: *Ueber die Kawi-Sprache auf der Insel Java* (Berlin, 1836-39).

d'y suppléer au moyen de cas, représente une langue éminemment synthétique. Le persan moderne, au contraire, est une des langues les plus pauvres en flexions qui existent : on peut dire sans exagération que toute la grammaire persane tiendrait en une dizaine de pages. Dans la région du Caucase, l'arménien et le géorgien modernes succèdent de même à l'arménien et au géorgien antiques. En Europe, l'ancien slavon, le gothique, l'ancien nordique, l'ancien haut-allemand, se retrouvent au-dessous des idiomes slaves et germaniques actuels. Enfin, c'est de l'analyse du grec et du latin, soumis à un long travail de décomposition durant les siècles barbares, que sortent le grec moderne et les langues néo-latines. Que sont, en effet, l'italien, l'espagnol, le français, le valaque? Du latin mutilé, privé de ses riches flexions, réduit à des tronçons de mots écourtés, suppléant par des entassements de monosyllabes à la savante organisation de l'idiome ancien. Qu'est-ce que le grec moderne? Du grec ancien décomposé, simplifié, appesanti. Ces idiomes dérivés sont absolument aux langues dont ils tirent leur origine ce que le pâli, le prâkrit, le bengali et les autres dialectes modernes de l'Hindoustan sont au sanscrit[1]. La similitude avec laquelle s'est opérée la décomposition d'idiomes aussi divers et séparés par d'aussi longs intervalles est certainement un des faits les plus extraordinaires de la linguistique. Que l'homme du peuple, en Italie, en France, en Espagne, en Grèce, sur les bords du Danube et du Gange, se soit trouvé amené à traiter exactement de la même manière la langue ancienne pour l'accommoder à ses besoins; que deux langues aussi distantes dans le temps et l'espace que le pâli et l'italien, par exemple, se trouvent occuper vis-à-vis de leurs langues-mères des situations absolument identiques[2]; c'est là, sans doute, la meilleure preuve de ce qu'il y a de nécessaire dans la marche des langues, et de la tendance irrésistible qui porte les idiomes à se dépouiller d'un appareil trop savant pour revêtir une forme plus simple, plus commode, plus populaire.

[1] V. Fauriel, *Dante et les Origines de la langue et de la littér. ital.*, t. II, 3ᵉ leçon.
[2] Burnouf et Lassen, *Essai sur le pali*, p. 141, 187, etc.

Bien que les langues sémitiques présentent une marche beaucoup moins décidée vers l'analyse que les langues indo-européennes [1], on y trouve également de nombreuses traces du penchant qui porte le peuple à substituer des tours plus développés aux tours plus complexes du vieil idiome. L'hébreu, leur type le plus ancien, montre une tendance marquée à accumuler l'expression des rapports autour de la racine essentielle : l'agglutination y est un procédé constant; non-seulement le sujet, mais encore le régime pronominal, les conjonctions, l'article n'y forment qu'un seul mot avec l'idée principale. « Les Hébreux, semblables aux enfants, dit Herder, veulent tout dire à la fois. Il leur suffit presque d'un seul mot où il nous en faut cinq ou six. Chez nous, des monosyllabes inaccentués précèdent ou suivent en boitant l'idée principale; chez les Hébreux, ils s'y joignent comme inchoatif ou comme son final, et l'idée principale reste dans le centre, formant avec ses dépendances un seul tout qui se pro-

---

[1] J'ai essayé d'indiquer les causes de cette différence dans mon *Histoire générale des langues sémitiques*, l. V, c. 1, § 2 et 3.

duit dans une parfaite harmonie[1]. » Vers le temps de la captivité, on remarque dans l'hébreu une certaine propension à remplacer par des périphrases les mécanismes grammaticaux de l'ancienne langue, et cette tendance est encore bien plus forte dans l'hébreu moderne ou rabbinique. L'hébreu, d'ailleurs, disparaît à une époque reculée, pour laisser dominer seuls le chaldéen, le samaritain, le syriaque; dialectes plus analytiques, plus longs et quelquefois plus clairs. Ces dialectes vont à leur tour s'absorber dans l'arabe, qui pousse l'analyse des relations grammaticales beaucoup plus loin que les anciennes langues sémitiques. Mais l'arabe est aussi trop savant pour l'usage vulgaire d'un peuple illettré. Les grossiers soldats des premiers khalifes ne peuvent en observer les flexions délicates et variées; le solécisme se multiplie et devient le droit commun, au grand scandale des grammairiens : on y obvie en abandonnant les flexions finales et en les remplaçant par le mécanisme plus commode de la juxtaposi-

---

[1] *Esprit de la poésie des Hébreux*, 1ᵉʳ Dial.

tion des mots. De là, à côté de l'arabe littéral, qui devient le partage exclusif des écoles, l'arabe vulgaire d'un système beaucoup plus simple, moins riche en formes grammaticales, moins élégant, mais parvenu sous quelques rapports à un degré plus avancé de détermination.

Les langues de l'Asie centrale et orientale présenteraient plusieurs phénomènes analogues, dans la superposition du chinois ancien et du chinois moderne, du tibétain ancien et du tibétain moderne. Mais les faits que nous venons de citer suffisent pour prouver que, dans l'histoire des langues, la synthèse est primitive, et que l'analyse, loin d'être la forme naturelle de l'esprit humain, n'est que le lent résultat de son développement.

Ce n'est donc que par une hypothèse purement artificielle qu'on suppose à l'origine de toutes les langues un état monosyllabique et sans flexions. Sans doute, les radicaux essentiels des langues primitives ne furent en général composés que d'une seule syllabe, puisqu'il n'y a guère de motif, comme l'a très-bien dit G. de Humboldt, pour désigner, tant que les mots simples suffisent aux besoins, un seul objet par plus d'une syllabe, et que d'ailleurs, en cherchant à reproduire l'impression du dehors, impression rapide et instantanée, l'homme ne dut en saisir que la partie la plus saillante, laquelle est essentiellement monosyllabique[1]. Mais, en accordant que l'expression nue de chaque idée fût telle (ce qui peut-être demanderait encore bien des restrictions)[2], au moins faut-il maintenir que, dans le discours, le *mot* se produisait complet et avec toute son unité : bien plus, les idées, en se groupant, contractaient entre elles un lien si étroit que la *proposition* jaillissait comme un tout, et ressemblait à ce qu'est le *mot* dans notre état analytique. En effet, plus on remonte dans l'histoire des langues, plus

---

[1] G. de Humboldt, *Ueber die Kawi-Sprache*, Einleitung, p. CCCLXXXIX et suiv. Comp. Adelung, *Mithridate*, t. I, disc. prélim., p. x et suiv.

[2] M. Abel Rémusat a montré avec quelles réserves il faut attribuer le monosyllabisme au chinois, qui est pourtant la langue monosyllabique par excellence (*Fundgruben des Orients*, III, p. 279). V. aussi Bazin, *Mém. sur les principes généraux du chinois vulgaire*, dans le *Journal Asiatique*, juin et août 1845.

on trouve une tendance prononcée vers l'agglutination, c'est-à-dire le penchant à souder en un tout compacte ce que plus tard on s'est contenté de juxtaposer. Les langues qui furent tout d'abord monosyllabiques sont toujours restées telles. Le chinois, qui a réussi à accomplir de véritables progrès en détermination, l'a fait sans perdre son caractère essentiel [1]. Le tibétain et le barman, qui, sous l'influence d'autres langues, ont fait de bien plus grands efforts vers la grammaire, ont toujours gardé l'empreinte ineffaçable de leur forme primitive. On peut donc affirmer que, si les autres langues avaient traversé un pareil état, elles n'auraient jamais mieux réussi à le dépouiller.

[1] V. Bazin, *Grammaire mandarine*, p. XVII et suiv.

VIII

L'exubérance des formes, l'indétermination, l'extrême variété, la liberté sans contrôle, caractères qui, si on sait les entendre, sont étroitement liés entre eux, durent ainsi constituer un des traits distinctifs de la langue des premiers hommes. Le peuple, d'une part, aspirant sans cesse à plus de clarté, simplifie instinctivement la langue qu'il parle, sans avoir aucun souci de l'élégance ni même de la correction. L'anglais, le persan montrent à quel degré de dessèchement et de pauvreté grammaticale peuvent ainsi arriver les plus beaux idiomes. Le travail littéraire, d'un autre côté, loin d'ajouter à la richesse des langues, ne fait en un sens que les appauvrir en les régularisant. Les idiomes anciens sont toujours plus riches en formes que ceux qui ont subi la révision des grammairiens. Le rôle de ceux-ci consiste à faire un choix dans la richesse excessive des langues populaires et à éliminer ce qui faisait double emploi. La langue grecque et la langue latine, par exemple, présentent une foule de mots qui ne possèdent point toutes les formes ordinaires, et qui suppléent à leurs lacunes en empruntant à d'autres mots les formes qui leur manquent; tels sont φέρω, οἴω ou οἴθω, ἐν-έγκω; *fero, tuli,* etc. Personne ne croira sans doute que *fero, tuli,* soient les temps d'un même verbe. Ce sont deux verbes incomplets dans l'état actuel de la langue, qui, après avoir vraisemblablement existé comme indépendants, n'ont pu échapper à l'élimination des superfluités qu'en soutenant leurs débris l'un par l'autre, et formant ainsi un seul verbe factice, suffisant aux besoins de la langue réglée et définie. En effet, la racine *bhri, ber* possède dans toutes les autres langues indo-européennes les formes qui manquent en grec et en latin à *fero:* la racine *tul* se retrouve complète sous la forme *tollere*, τλῆναι¹. Quand on voit γυνή faire au génitif γυναικός, peut-on croire à la légitimité d'une pareille dérivation? N'est-il pas plus vraisemblable que, dans les formes surabondantes de la langue originelle, ici l'on disait γυνή, là γυναίξ², et que quelques membres de ces deux formes sont seuls arrivés à la consécration grammaticale?

Cette grande loi ressort surtout avec évidence de l'examen des conjugaisons dans les idiomes divers. Les langues les plus parfaites, quand elles n'ont point subi de refonte grammaticale, le

---

¹ Le supin *latum* se rapporte à la même racine, comme abrégé de *tlatum*. Cf. Pott, *Etymol. Forsch.* I, 265. Sur οἴσω et ἐνέγκω, v. Pott, I, 122, 156; Benfey, *Griechisches Wurzellexikon*, I, 356; II, 21-22.

² La forme γυναιξ paraît venir de γυνή et de ιξ (εἶκω, ἴκελος), *imago feminæ*, comme ἄνθρωπος de ἀνδρός et de ὄψ, *facies hominis*. Comp. l'allem. *Weibsbild*. V. Pott, II, 45, 440; Benfey, II, 118.

grec, l'hébreu, par exemple, diffèrent considérablement, pour la manière de traiter le verbe, des langues réformées, comme le latin. En hébreu, les verbes dont la racine est le plus évidemment monosyllabique peuvent souvent se conjuguer de deux ou trois manières différentes, et ceux qui participent à une même racine bilitère, bien que différents pour la forme et la signification, se confondent souvent entre eux [1]. Le même fait se retrouve dans la langue grecque, surtout chez Homère et les poëtes anciens. Εἶμι, *je vais*, tire ses temps de ἔω, εἴω, ἴω, non que tous ces verbes aient réellement existé, mais parce que le radical primitif est successivement traité selon ces types divers. Ὄφλω, ὀφλισκάνω, ὀφείλω, ὀφέλλω, ne sont que des variantes de la racine primitive ὀφλ. Βαίνω, βάω, βῆμι; — Κέω, κείω, κεῖμαι, κέομαι (κέονται); — κνάω, κνήθω, κνίζω, peuvent être considérés de même. Il semble au premier coup d'œil que ὄφλω, par exemple, doive être regardé comme la forme primitive, d'où, par suite, se seraient formés ὀφλίσκω,

---

[1] Cf. Gesenius, *Lehrgebäude der hebr. Sprache*, § 112 et 113.

ὀφλισκάνω, etc.; mais ce sont au contraire ces dernières formes qui, avec bien d'autres encore, existaient à l'origine comme variétés capricieuses d'un langage tout d'instinct.

Il faut tirer la même conséquence des confusions que les plus anciens poëtes grecs admettent, comme les Hébreux, entre des verbes très-divers pour le sens, mais analogues pour la forme. Δέμω, signifiant *bâtir*, est très-différent de δαμάω, δαμάζω, δάμνημι, etc.; mais l'identité du radical δμ suffit pour établir entre eux une communauté de temps : δέμω se rencontre au parfait et à l'aoriste passif avec δαμάω (δέδμηκα, δέδμημαι, ἐδμήθην), et réciproquement δαμάζω tire son aoriste second passif (ἐδάμην) de la forme δέμω. Le radical δάω a produit δαίω, δαίομαι, δαίνυμι, διδάσκω, verbes qui, avec des significations très-différentes, offrent des confusions analogues. Il en est de même de χράω, *rendre un oracle*, χράομαι, *se servir*, χρῄζω, *désirer*, χρή, *il faut*, χραίνω, *toucher*. Ce sont là, au point de vue de nos langues artificiellement fixées, autant d'irrégularités, ou, si l'on veut, de *barbarismes reçus*, dénotant une langue où l'écrivain n'a, comme le peuple, d'autre règle que l'analogie générale. Le latin, au contraire, offre très-peu de ces confusions. En latin, tout ce qui n'est pas grammaticalement régulier est décidément *barbarisme*, parce que cette langue, telle qu'elle nous est parvenue dans les livres, a subi un travail de perfectionnement réfléchi.

La forme ordinaire que l'on donne aux grammaires des langues anciennes induit parfois en erreur sur le caractère d'indétermination que nous essayons d'expliquer en ce moment. Pour ne parler que de l'hébreu, à la vue d'ouvrages aussi imposants par leur masse, la richesse de leurs détails, et leur savante ordonnance que les *Grammaires raisonnées* d'Ewald ou de Gesenius, on pourrait croire qu'il s'agit d'une langue assujettie dans ses moindres détails à des règles inflexibles. Rien pourtant ne serait moins exact. Le plus lettré des anciens Hébreux, un Isaïe, par exemple, n'eût guère conçu la possibilité d'un si long discours sur la langue qu'il parlait. Généralement, les grammaires les plus prolixes sont celles des langues qui en ont eu le moins; car alors les anomalies étouffent les règles. Dans l'état de liberté primitive, chacun parlait à sa façon, imitant les autres sans renoncer à son droit d'initiative et sans songer à observer un ensemble de lois imposées. Le grammairien vient ensuite; cherchant à tout prix des formules qui renferment tous les cas possibles, et au désespoir de voir ses principes généraux sans cesse déjoués par les caprices du langage, il se sauve en multipliant les exceptions, qui elles-mêmes sont à ses yeux des espèces de règles. Les langues anciennes se permettent une foule de constructions en apparence peu logiques, des phrases inachevées, suspendues, sans suite, que les grammairiens croient expliquer par des anacoluthes, des ellipses de prépositions, etc. Il est également superficiel, et de chercher des *règles* rigoureuses dans des anomalies où il n'y avait que choix instinctif, et d'envisager ces anomalies comme des *fautes*, puisque personne n'avait l'idée d'y voir des transgressions de lois qui n'existaient pas, et que d'ailleurs, malgré ces tours irréguliers, on réussissait parfaitement à se faire entendre. La vérité est que l'écrivain ancien, en employant de telles manières de parler, ne songeait ni à observer ni à violer un règlement, et que le lecteur ou l'auditeur contemporain n'avait non plus, en présence de pareils tours, aucune arrière-pensée.

Jamais donc le langage ne fut plus individuel qu'à l'origine de l'homme, jamais moins arrêté, jamais plus subdivisé en ce qu'on peut appeler dialectes. Trop souvent on se figure que les variétés dialectiques se sont formées, à une époque relativement moderne, par divergence d'un type unique et primitif. Il semble, au premier coup d'œil, que rien n'est plus naturel que de placer ainsi l'unité en tête des diversités ; mais des doutes graves s'élèvent, quand on voit les langues se morceler avec l'état sauvage ou barbare, de village à village, je dirais presque de famille à famille. Le Caucase, par exemple, offre sur un petit espace une quantité de langues entièrement distinctes[1]. L'Abyssinie présente un phénomène

---

[1] Pott, *Die Ungleichheit menschlicher Rassen*, p. 238-39.

analogue[1]. Le nombre et la variété des dialectes de l'Amérique frappèrent d'étonnement M. de Humboldt[2]. Mais ces diversités ne sont rien en comparaison de celles qui séparent les langues de l'Océanie. C'est là que l'état sauvage a poussé jusqu'aux dernières limites ses effets de désunion et de morcellement. Chez les races, enfin, qui sont placées au plus bas degré de l'échelle humaine, le langage n'a rien de fixe, et n'est plus guère qu'un procédé sans tradition, dont on a peine au bout de quelques années à reconnaître l'identité[3].

Un fait qui se remarque dans presque toutes les familles de langues établit d'une manière frappante la diversité originelle des idiomes, et montre les barrières qui de bonne heure séparèrent les branches d'une même famille. Nous trouvons que, dans les langues les plus anciennes, les mots qui servent à désigner les peuples étrangers se tirent de deux sources : ou de verbes qui

---

[1] Jobi Ludolfi *Historia Æthiopica*, l. I, c. xv, n°° 40 et suiv.
[2] A. de Humboldt, *Vues des Cordillères*, introd., p. viii-ix.
[3] V. les faits recueillis par M. Garnier, *Traité des facultés de l'âme*, II, p. 490.

signifient *bégayer, balbutier*, ou de mots qui signifient *muet*. Le peuple est toujours porté à ne voir qu'un jargon inarticulé dans les langues qu'il ne comprend pas : de même, pour l'homme primitif, le signe caractéristique de l'étranger était de parler une langue inintelligible et qui ressemblait à un bégayement informe. Tel est le sens qui s'attache au radical *varvara* (sanscr.), βάρβαρος, radical formé par onomatopée et probablement identique à *balbus*[1]. Tel est plus certainement encore la signification du mot sanscrit *mletchha* (*indistincte loquens*), par lequel les anciens Hindous désignaient les peuples qui ne parlaient pas le sanscrit : or, ce mot paraît identique au mot *Walh, Welsch*, dont les Germains, depuis une époque reculée, se servent pour désigner les peuples étrangers, en particulier les Celtes et les Romains[2] ; le mot *Deutsch* signifiant celui qui parle clairement, par opposition au *Welsch*, qui parle

---

[1] Kuhn, dans la *Zeitschrift für vergleichende Sprachforschung*, I, 381-384.

[2] Leo, dans le même recueil, II, 252 et suiv. M. Stenzler et M. Kuhn étaient arrivés de leur côté au même résultat (*ibid.* p. 260).

confusément [1]. Les langues celtiques et slaves présentent des exemples analogues, entre autres le nom des Valaques (*Vlah*), qu'on rapproche ou du mot *Wlalh* précité, ou du mot *vlatch*, bègue, identique pour la racine à *mletchh* [2]. Les langues sémitiques, enfin, ont suivi la même analogie : Hébr. *laëg, loëz* (balbutiant) pour désigner un peuple barbare [3]; arab. *adjem* (parlant confusément ou muet) pour désigner un peuple étranger, en particulier les Persans [4]; *Timtim*, qui signifie proprement un homme au langage barbare et inintelligible, a servi pour désigner les Himyarites et les Abyssins [5]; j'ai proposé de rapprocher de ce mot le nom de la peuplade sauvage des *Zomzommim* (*Deut.*, 2, 20). — Les appellations tirées des mots qui signifient *muet* ne sont pas moins nombreuses. Je ne rapporterai point ici tous les exemples que M. Pott en a recueillis [6].

---

[1] Pott, *ibid.* p. 114 ; Leo, *ibid.* p. 255 et suiv.
[2] *Id.*, *ibid.* p. 114, Leo, *ibid.* p. 255.
[3] Gesenius, *Lex man.*, p. 533-34.
[4] Freytag, *Lex arab. lat.* s. h. v.
[5] V. mon *Hist. génér. des lang. sémit.* p. 33 et 291.
[6] *Indogermanischer Sprachstamm* (dans l'*Encycl.* d'Ersch et

Je rappellerai seulement ἄγλωσσος, synonyme de βάρβαρος chez les Grecs, et le mot *Niemiec*, par lequel les peuples slaves (et après eux les Byzantins [1], les Turcs, les Hongrois) désignent les Germains, tandis que le nom même des *Slaves* paraît signifier *les parlants*. Le même sens a été attribué au nom des Basques (*Eusken*) [2]. Que conclure de ces faits, qui tous nous reportent à l'état le plus ancien du langage? Qu'à l'origine, la fraternité linguistique était entendue dans un sens fort étroit, et que le langage était divisé en très-petites familles, qui n'avaient pas la conscience de leur parenté. Il est remarquable, en effet, que les peuples ainsi désignés par les autres du nom de *bègues* ou de *muets* étaient très-proches

---

Gruber), p. 44 ; *Die Zigeuner*, II, 399 ; dans la *Zeitschrift* précitée, II, 113-114, et *Die Ungleichheit menschlicher Rassen*, p. 70, note. Dans un des idiomes du Guatemala, le mot qui signifie *muet* désigne également les barbares (communication orale faite à l'Académie des Inscriptions et Belles-Lettres par M. Brasseur de Bourbourg).

[1] Νεμιτζος, Νεμιτζία. Michel Attaliote, p. 125, 147, 221 (édit. Brunet de Presle).

[2] W. de Humboldt, *Prüfung der Untersuchungen über die Urbewohner Hispaniens*, p. 63 et suiv. (*Gesammelte Werke*, t. II.)

parents de ces derniers : ainsi les Celtes des Germains, les Germains des Slaves, les Himyarites des Arabes, etc.

Ces faits nous semblent suffisants pour prouver l'impossibilité d'une langue homogène, parlée sur une surface considérable dans une société peu avancée. La civilisation seule peut étendre les langues par grandes masses. Il n'a été donné qu'aux sociétés modernes de faire régner un idiome sans dialecte sur tout un pays, et encore les langues arrivées ainsi à l'universalité sont-elles presque toujours des langues purement littéraires, comme la *lingua toscana*, commune à tous les hommes instruits de l'Italie. Si la langue grecque, parlée par un peuple si heureusement doué de la nature, a compté presque autant de dialectes que la Grèce comptait de peuplades différentes, peut-on croire que les premiers hommes, qui se possédaient à peine eux-mêmes, et dont la raison était encore comme un songe, aient atteint le résultat que les siècles les plus réfléchis ont eu peine à réaliser? Loin de placer l'unité à l'origine des choses, il faut donc l'envisager comme le résultat lent et tardif d'une civilisation avancée. Au commencement, il y avait autant de dialectes que de familles, je dirais presque d'individus. Chaque groupe d'hommes formait son langage sur un fond imposé, il est vrai, par une tradition antérieure, mais en suivant son instinct et en subissant les influences que le genre de vie, les aliments, le climat exerçaient sur les organes de la parole et sur les opérations de l'intelligence. On parlait par besoin social et par besoin psychologique; pourvu qu'on formulât suffisamment sa pensée pour soi-même, et qu'on la fît entendre aux autres, on s'occupait peu de la conformité du langage que l'on parlait avec un type général et autorisé. La surabondance de flexions que nous avons remarquée dans les langues les plus anciennes n'a pas une autre origine. Une telle richesse, en effet, n'est qu'indétermination; ces langues sont riches, parce qu'elles sont sans entraves et sans limites. Chaque individu a eu le pouvoir de les traiter presque à sa fantaisie; mille formes superflues se sont produites, et continuent d'être employées jusqu'à ce que le discer-

-nement grammatical vienne à s'exercer[1]. C'est un arbre d'une végétation puissante, auquel la culture n'a rien retranché, et qui étend capricieusement et au hasard ses rameaux luxuriants. L'œuvre de la réflexion, loin d'ajouter à cette surabondance, sera toute négative : elle ne fera que retrancher et fixer. L'élimination atteindra les formes inutiles; les superfétations seront bannies; la langue sera déterminée, réglée, et, en un sens, appauvrie.

Ainsi les langues primitives paraissent avoir été illimitées, capricieuses, variées; et si l'on convient d'appliquer aux variétés qui se produisaient alors le nom de dialectes, au lieu de placer avant les dialectes une langue unique et compacte, il faudra dire au contraire que cette

---

[1] Herder a dit, dans son *Traité de l'origine des langues*, que *plus une langue est barbare, plus elle a de conjugaisons*; ce qui signifie que, dans la langue abandonnée à elle-même, chacun a eu le droit de faire sa conjugaison à sa guise, et que l'usage ne s'est pas constitué en arbitre pour consacrer telle forme ou éliminer telle autre. On trouvera de bonnes vues sur la coexistence de formes multiples au sein des langues populaires, dans l'*Essai sur le pali* de MM. Burnouf et Lassen, p. 173.

unité n'est résultée que de l'extinction successive des variétés dialectiques. Est-ce à dire que toutes les individualités qui plus tard sont apparues dans chaque famille de langues eussent dès lors leur existence distincte? Non, sans doute : c'est à une époque bien postérieure que telles et telles propriétés grammaticales sont devenues, en se groupant, le trait caractéristique de tel et tel dialecte. Ces propriétés existaient d'abord dans un mélange qu'on a pu prendre pour l'unité, mais qui n'était que la confusion. L'esprit humain débute par le syncrétisme. Tout est dans ses premières créations, mais tout y est comme n'y étant pas, parce que tout y est sans existence séparée des parties. Ce n'est qu'au second degré du développement intellectuel que les individualités commencent à se dessiner avec netteté, et cela, il faut l'avouer, aux dépens de l'unité, dont l'état primitif offrait au moins quelque apparence. Alors c'est la multiplicité, la division qui domine, jusqu'à ce que la synthèse réfléchie vienne ressaisir les éléments isolés, qui, ayant vécu à part, ont désormais la conscience d'eux-mêmes, et les assimile de nouveau dans une unité supérieure. En un mot, existence confuse et simultanée des variétés dialectiques, — existence isolée et indépendante des dialectes, — fusion de ces variétés dans une unité plus étendue : tels sont les trois degrés qui correspondent, dans la marche des langues, aux trois phases de tout développement soit individuel, soit collectif.

Des faits nombreux établissent, du reste, cette promiscuité primitive des dialectes dans chaque famille de langues. Les textes hébreux les plus anciens renferment des particularités qui deviennent plus tard la propriété exclusive des langues araméennes, et qui à une époque reculée paraissent avoir flotté entre les divers dialectes sémitiques [1]. Les poëmes homériques présentent simultanément employés des idiotismes qu'on donne pour de l'éolien, du dorien, de l'attique. Si la distinction des dialectes eût été parfaitement nette à l'époque de la composition de ces poëmes, un pareil mélange eût péché con-

---

[1] V. *Hist. générale des langues sémitiques*, p. 95-96.

tre toutes les règles du bon sens. Il faut donc admettre pour ces siècles reculés un état d'indécision, où coexistaient les diverses particularités qui sont ensuite devenues la possession exclusive de chaque dialecte [1]. C'est ainsi que des mots français, tombés en désuétude dans la langue cultivée, sont restés populaires dans quelques provinces, et que des mots d'usage commun dans l'ancien allemand ne sont plus employés de nos jours que dans les patois locaux.

---

[1] Voy. Matthiæ, *Grammaire raisonnée de la langue grecque*, t. I (trad. franç.), p. 9 et suiv.; Am. Peyron, *Origine dei tre illustri dialetti greci paragonata con quella del eloquio illustre italiano* (Mém. de l'Acad. de Turin, 2ᵉ série, t. I).

IX

Les caractères de la langue primitive étaient donc les mêmes que ceux de la pensée primitive : une richesse sans bornes ou plutôt sans règle, une synthèse obscure et compréhensive, tous les éléments entassés et indistincts. A chaque époque apparaît le merveilleux accord de la psychologie et de la linguistique ; nous sommes donc fondés à considérer les langues comme les formes successives qu'a revêtues l'esprit humain aux différentes périodes de son existence, comme le produit des forces humaines agissant à tel moment donné et dans tel milieu. L'harmonie non moins parfaite des langues et des climats confirme cette manière de voir. Tandis que les langues du Midi abondent en formes variées, en voyelles sonores, en sons pleins et harmonieux, celles du Nord, comparativement plus pauvres et ne recherchant que le nécessaire, sont chargées de consonnes et d'articulations rudes. On est surpris de la différence que produisent à cet égard quelques degrés de latitude. Les trois principaux idiomes sémitiques, par exemple, l'araméen, l'hébreu et l'arabe, bien que distribués sur un espace peu considérable, sont dans un rapport exact, pour la richesse et la beauté, avec la situation climatérique des peuples qui les ont parlés. L'araméen, usité dans le Nord, est dur, pauvre, sans harmonie, lourd dans ses constructions, sans aptitude pour la poésie. L'arabe, au contraire, placé à l'autre extrémité, se distingue par une admirable richesse. Nulle langue ne possède autant de synonymes pour certaines classes d'idées, nulle ne présente un système grammatical aussi compliqué; de sorte qu'on serait tenté quelquefois de voir surabondance dans l'étendue presque indéfinie de son dictionnaire et dans le labyrinthe de ses formes grammaticales. L'hébreu enfin, placé entre ces deux extrêmes, tient également le milieu entre leurs qualités opposées. Il a le nécessaire, mais rien de superflu; il est harmonieux et facile, mais sans atteindre à la merveilleuse flexibilité de l'arabe. Les voyelles y sont disposées harmoniquement et s'entremettent avec mesure pour éviter les articulations trop rudes, tandis que l'araméen, recherchant les formes monosyllabiques, ne fait rien pour éviter les collisions de consonnes, et que dans l'arabe, au contraire, les mots semblent, à la lettre, nager dans un fleuve de voyelles, qui les déborde de toutes parts, les suit, les précède, les unit, sans souffrir aucun de ces sons heurtés que tolèrent les langues d'ailleurs les plus harmonieuses. Si l'on s'étonne de rencontrer de si fortes variétés de caractère entre des idiomes au fond identiques, et parlés sous des climats dont la différence est après tout si peu considérable, qu'on se rappelle les dialectes grecs, qui, sur un espace plus restreint encore, présentaient des différences non moins profondes : la dureté et la grossièreté du dorien à côté de la mollesse de l'ionien, si riche en voyelles et en diphthongues, voilà les contrastes qu'on trouvait à quelques lieues de distance chez un peuple éminemment doué du sentiment des diversités.

C'est en effet dans la diversité des races qu'il faut chercher les causes les plus efficaces de la diversité des idiomes. L'esprit de chaque peuple et sa langue sont dans la plus étroite connexité : l'esprit fait la langue, et la langue à son tour sert de formule et de limite à l'esprit. La race religieuse et sensitive des peuples sémitiques ne se peint-elle pas trait pour trait dans ces langues toutes physiques, auxquelles l'abstraction est inconnue et la métaphysique impossible ? La langue étant le module nécessaire des opérations intellectuelles d'un peuple[1], des idiomes peignant

---

[1] M. le docteur Wiseman (*Disc. sur le rapp.*, etc. 1er disc., 2e partie), a fait la remarque que la philosophie transcenden-

tous les objets par leurs qualités sensibles, presque dénués de syntaxe, sans construction savante, privés de ces conjonctions variées qui établissent entre les membres de la pensée des relations si délicates, devaient être éminemment propres aux énergiques déclamations des Voyants et à la peinture de fugitives impressions, mais devaient se refuser à toute spéculation purement philosophique. Imaginer un Aristote ou un Kant avec un pareil instrument n'est guère plus possible que de concevoir un poëme comme celui de Job écrit dans nos langues métaphysiques et réfléchies. Aussi chercherait-on vainement chez les peuples sémitiques quelque tentative indigène d'analyse rationnelle, tandis que leurs littératures abondent en expressions vraies de senti-

---

tale ne pouvait prendre naissance qu'en Allemagne, c'est-à-dire chez un peuple dont la langue, plus qu'aucune autre, permet ou suggère d'employer objectivement le pronom de la première personne. Pourtant l'expression *le moi* est familière aux écrivains du XVII° siècle (Pascal, *Pensées*, édit. Havet, p. 26, 70, 80; Fénelon, *Lettre II au duc d'Orléans*. — *Logique* de Port-Royal, 3° part., ch. xx, § 6). Locke dit de même le *soi*. *Essais*, l. II, chap. xxvi, § 9.

ments moraux, d'aphorismes pratiques. C'est par excellence la race des religions, destinée à leur donner naissance et à les propager ; et en effet, les trois religions qui jusqu'ici ont joué le plus grand rôle dans l'histoire de la civilisation, religions marquées d'un caractère spécial de durée, de fécondité, de prosélytisme, et liées d'ailleurs entre elles par des rapports si étroits qu'elles semblent trois rameaux d'un même tronc, trois traductions inégalement belles et pures d'une même idée, sont nées toutes les trois parmi les peuples sémitiques. Organes d'une race monothéiste, appelée à simplifier l'esprit humain et à fonder dans le monde, par la triple prédication, juive, chrétienne et musulmane, une religion plus raisonnable, les langues sémitiques sont de même sans perspective, sans saillie et sans demi-jour. S'interdisant ces longs enroulements de phrase (*circuitus*, *comprehensio*, comme les appelle Cicéron), sous lesquels le grec et le latin assemblent avec tant d'art les détails multiples d'une seule pensée, les Sémites ne savent que faire succéder les propositions les unes aux autres, en employant pour tout artifice la simple copule *et*, qui fait le secret de leur période, et qui leur tient lieu de presque toutes les autres conjonctions. Les langues sémitiques ignorent à peu près l'art de subordonner les membres de phrase les uns aux autres. Planes et sans inversions, elles ne connaissent d'autre procédé que la juxtaposition des idées, à la manière de la peinture byzantine. Le style leur manque entièrement. Joindre les mots dans une proposition est leur dernier effort; elles ne font point subir la même opération aux propositions elles-mêmes. L'éloquence n'est pour les Sémites qu'une vive succession de tours pressants et d'images hardies : tout ce qui peut s'appeler nombre oratoire leur est resté inconnu.

Au contraire, de même que la recherche réfléchie, indépendante, sévère, courageuse, philosophique en un mot de la vérité, semble avoir été le partage de cette race indo-européenne, qui, du fond de l'Inde jusqu'aux extrémités de l'Occident et du Nord, depuis les siècles les plus reculés jusqu'aux temps modernes, a cherché à expliquer

Dieu, l'homme et le monde par la science et a laissé derrière elle, comme échelonnés aux divers degrés de son histoire, des systèmes, toujours et partout soumis aux lois d'un développement rationnel; de même, les langues de cette famille semblent créées pour l'abstraction et la métaphysique. Elles ont une souplesse merveilleuse pour exprimer les relations les plus intimes des choses par les flexions de leurs noms, par les temps et les modes si variés de leurs verbes, par leurs mots composés, par la délicatesse de leurs particules. Possédant seules l'admirable secret de la période, elles savent relier dans un tout les membres divers de la phrase; l'inversion leur permet de conserver l'ordre naturel des idées sans nuire à la détermination des rapports grammaticaux; tout devient pour elles abstraction et catégorie. Elles sont les langues de l'idéalisme. Elles ne pouvaient apparaître que chez une race philosophique, et une race philosophique ne pouvait se développer sans elles.

La Chine et l'Égypte, en apparence si éloignées, mais rapprochées par tant de traits communs, donneraient lieu à des remarques analogues. L'ancienne langue de l'Égypte, aujourd'hui représentée par le copte, paraît avoir été une langue dans le genre du chinois, monosyllabique, sans grammaire développée, suppléant aux flexions par des exposants groupés, mais non agglutinés, autour de la racine. Or, pour ne parler ici que de la Chine, dont la langue et la civilisation nous sont mieux connues, la langue chinoise, avec sa structure inorganique et incomplète, n'est-elle pas l'image de la sécheresse d'esprit et de cœur qui caractérise la race chinoise? Suffisante pour les besoins de la vie, pour la technique des arts manuels, pour une littérature légère de petit aloi, pour une philosophie qui n'est que l'expression souvent fine, mais jamais élevée, du bon sens pratique[1], la langue chinoise excluait toute philosophie, toute science, toute religion,

---

[1] La philosophie de Lao-Tseu semble contredire notre assertion. Mais cette philosophie est une réaction contre l'esprit positif de la Chine, et ne semble pas exempte d'influences étrangères.

dans le sens où nous entendons ces mots. Dieu n'y a pas de nom [1], et les choses métaphysiques ne s'y expriment que par des locutions détournées : encore ignorons-nous le sens précis que ces locutions présentent à l'esprit des Chinois. Nous ne connaissons point assez l'ancienne sagesse de l'Égypte pour dire comment elle trouvait sa limite dans la langue même du pays. Remarquons cependant que l'analogie qui existe entre l'histoire sociale de l'Égypte et celle de la Chine ne saurait être fortuite : l'absence de liberté individuelle, d'esprit public, d'institutions politiques, la tendance vers une administration perfectionnée, si l'on veut, mais étouffante, le manque d'aptitude militaire, se retrouvent de part et d'autre. Ajoutons que les deux exemples d'écriture primitivement idéographique que nous a légués l'antiquité se rencontrent précisément dans les deux langues qui, par leur structure, appelaient pour ainsi dire ce genre de notation. Une langue habituée à donner à chaque idée et à

---

[1] V. *Journal Asiatique*, août 1848, p. 168-169.

chaque rapport son expression isolée, devait être amenée à choisir un système graphique analogue, peignant les choses et leurs rapports par un signe indivis.

X

Que faut-il de plus pour conclure que, chez les diverses races et dans chaque pays, la langue fut le produit de l'originalité et du caractère individuel de l'homme? Chercher l'unité du langage ailleurs que dans l'esprit humain et dans les procédés qu'il employa, supposer, par exemple, que toutes les langues sont sorties par dérivation d'une seule, c'est dépasser les faits, et entrer sur le terrain des conjectures. Rien de plus commode, sans doute qu'une telle hypothèse pour expliquer les ressemblances de tous les produits de l'esprit humain. Rapporter à une même origine les peuples entre lesquels on trouve quelque élément commun, et, comme on trouve de ces éléments dans toute l'humanité, en induire l'unité primitive, est l'idée qui se présente d'abord; car on s'adresse toujours aux causes extérieures avant de rechercher les causes psychologiques. L'unité matérielle de race frappe et séduit; l'unité de l'esprit humain concevant et sentant partout de la même manière, reste dans l'ombre. En un sens, l'unité de l'humanité est une proposition sacrée et scientifiquement incontestable; on peut dire qu'il n'y a qu'une langue, qu'une littérature, qu'un système de traditions symboliques, puisque ce sont les mêmes procédés qui ont présidé à la formation de toutes les langues, les mêmes sentiments qui partout ont fait vivre les littératures, les mêmes idées qui se sont traduites par des symboles divers. Mais faire de cette unité toute psychologique le synonyme d'une unité matérielle de race (qui peut être vraie, qui peut être fausse, n'importe), c'est rapetisser une grande vérité aux minces proportions d'un petit fait, sur lequel la science ne pourra peut-être jamais rien dire de certain.

Là est la cause de l'énorme malentendu qui domine presque toujours les discussions relatives à l'unité de la race humaine. Cette unité est évidente aux yeux du psychologue et du moraliste, nous venons de le montrer; elle ne l'est pas moins aux yeux du naturaliste, puisque toutes les branches de l'espèce humaine peuvent avoir l'une avec l'autre des rapports sexuels indéfiniment féconds. Mais cette double unité signifie-t-elle que l'espèce humaine est sortie d'un couple unique, ou, dans un sens plus large, qu'elle est apparue sur un point unique? Voilà ce qu'il est tout à fait téméraire d'affirmer. Un voile presque impénétrable couvre pour nous les origines de l'espèce humaine; les légitimes inductions de la science s'arrêtent bien vite sur ce terrain, et en tout cas nous disent peu de chose sur la circonstance particulière dont il s'agit en ce moment.

L'imagination même se refuse à rien concevoir sur les mystères des premiers jours.

Au premier coup d'œil, la science des langues paraît apporter dans la balance un poids décisif. S'il est, en effet, un résultat incontestable, c'est que le réseau des langues qui ont été ou sont encore parlées sur la surface du globe se divise en familles absolument irréductibles l'une à l'autre. En supposant même (ce que je n'admets nullement, et ce que la bonne philologie est de plus en plus en voie de rejeter) que la famille sémitique et la famille indo-européenne puissent un jour être fondues l'une dans l'autre; en supposant (ce que je n'admets pas davantage) que les deux familles africaines représentées l'une par le copte, l'autre par le berber ou mieux par le touareg, puissent un jour être réunies aux langues précitées, on peut affirmer du moins qu'il sera à tout jamais impossible de ranger dans le même groupe le chinois et les langues de l'Asie orientale. On n'explique pas dans l'état actuel de la science comment le sanscrit aurait pu devenir l'hébreu, ou l'hébreu le sanscrit : mais surtout on n'expliquera jamais comment le sanscrit ou l'hébreu auraient pu devenir le chinois, l'annamique ou le siamois. Il y a là un abîme qu'aucun effort scientifique ne saurait combler. Quelles que puissent être les hypothèses futures de la science sur les questions d'origine, on peut poser comme un axiome désormais acquis cette proposition : le langage n'a point une origine unique; il s'est produit parallèlement sur plusieurs points à la fois. Ces points ont pu être fort rapprochés; les apparitions ont pu être presque simultanées; mais certainement elles ont été distinctes, et le principe de l'ancienne école : « Toutes les langues sont des dialectes d'une seule » doit être abandonné à jamais.

Mais de cette vérité fondamentale, est-on en droit de conclure qu'il n'y a eu entre les peuples qui parlent des langues de familles diverses aucune parenté primitive? Voilà sur quoi le linguiste doit hésiter à se prononcer. La philologie ne doit pas s'imposer d'une manière absolue à l'ethnographie, et les divisions des langues n'impliquent pas nécessairement des divisions de races. On concevrait qu'une seule espèce humaine, scindée dès son origine en plusieurs branches, eût créé le langage sur plusieurs types différents. Ce principe, essentiel à maintenir, que l'humanité n'a jamais existé sans la parole, ne peut évidemment s'entendre que d'une façon générale et en ce sens que le langage n'a point été inventé après une longue période de mutisme. Il faut s'abstenir de tout ce qui porterait en de pareils problèmes un degré de précision dont ils ne sont pas susceptibles. Un fait, d'ailleurs, fournit à l'hypothèse de l'origine unique de l'espèce humaine un argument d'une incontestable valeur. Ce fait, c'est que les divisions auxquelles on est conduit par la philologie comparée ne coïncident pas avec celles auxquelles conduit l'anthropologie proprement dite. La division des Sémites et des Indo-Européens, par exemple, a été créée par la philologie et non par la physiologie. Quoique les Juifs et les Arabes aient un type fort prononcé, qui empêche de les confondre avec les Européens, jamais les savants qui envisagent l'homme au point de vue de l'histoire naturelle n'auraient songé à voir dans ce type un trait de race, si l'étude des langues, confirmée par celle des littératures et des religions, n'avait fait reconnaître ici une distinction que l'étude du corps ne révélait pas. Or, dès qu'on admet que le Sémite et l'Indo-Européen parlent des langues d'origine différente, sans que pour cela ils se rapportent à des races physiologiquement diverses, n'est-on pas autorisé à conclure qu'une même race a pu se partager à l'origine en plusieurs familles, qui ont formé leur langage à part et sans avoir de rapports les unes avec les autres; en d'autres termes, que des peuples peuvent être frères tout en parlant des idiomes absolument différents?

Nous sortirions de notre plan en essayant de démontrer ici la thèse que nous avons supposée dans les pages qui précèdent, à savoir qu'il y a entre les diverses familles de langues des lignes de démarcation impossibles à effacer. Cela résulte de l'ensemble des études de philologie comparée, telles que notre siècle les a comprises. En effet, le *criterium* de la distinction des familles de langues est l'impossibilité de faire dériver l'une de l'autre par des procédés scientifiques. Quelque divers que soient entre eux les groupes qui forment la famille indo-européenne, on explique parfaitement comment tous se rapportent à un type identique et ont pu sortir d'un idiome primitif. On ne réussira jamais à tirer de même le système des langues sémitiques du système des langues indo-européennes, ou réciproquement [1]. Comparées sous le rapport de la grammaire, ces deux familles nous apparaissent comme radicalement distinctes, de l'aveu même des philologues qui ont essayé de les fondre ensemble ; les faibles ressemblances grammaticales qui se remarquent entre elles s'expliquent suffisamment par l'identité de l'esprit humain, agissant de la même manière sur plusieurs points à la fois. Comparées sous le rapport du dictionnaire, elles offrent au premier coup d'œil quelques rapprochements séduisants. Mais, outre qu'on a singulièrement exagéré le nombre de ces rapprochements, en se fondant sur les analogies les plus superficielles ou

[1] V. *Hist. génér. des langues sémitiques*, l. V, c. II.

les plus insuffisantes, il en est très-peu qui ne s'expliquent par des raisons intrinsèques, sans que l'on soit obligé de recourir à la communauté d'origine. En effet, la plupart des racines communes appartiennent à la classe des racines formées par onomatopée; et lors même que la science se trouve dans l'impossibilité de rendre raison en particulier de chaque détail, il suffit qu'elle ait réussi à expliquer l'identité dans un certain nombre de cas, pour qu'on lui permette de tirer l'induction générale que, dans tous les cas non expliqués, il y a une cause secrète, bien qu'elle ne se laisse pas apercevoir aussi facilement. Le caprice n'ayant eu aucune part dans la formation des langues, ainsi que nous l'avons établi (§ 6), le choix de chaque mot a dû avoir sa raison suffisante. Est-il donc étrange que la même raison ait existé à la fois dans des lieux fort éloignés, et qu'elle ait produit le même signe pour la même idée dans des familles différentes?

Certes, je ne prétends pas nier que les langues sémitiques et les langues indo-européennes n'offrent dans leur système le plus général quelque ressemblance, et n'accusent une même manière de prendre et de résoudre le problème du langage. Ces analogies deviennent surtout frappantes si on compare les deux familles précitées au chinois. En face de cette langue singulière, fondée sur de tout autres principes, ce qui était dissemblance devient presque fraternité. Quelque éloignées l'une de l'autre que soient la famille sémitique et la famille indo-européenne, ces deux familles ont du moins entre elles une grande et profonde analogie, l'existence d'une *grammaire*. Si l'on se rappelle que les Sémites et les Indo-Européens, envisagés par le côté physique, ne forment qu'une seule race; si l'on considère de plus que, dans l'histoire de l'esprit humain, ils ont joué un rôle connexe, et qu'ils sont entrés tour à tour dans l'œuvre de la civilisation générale, on est porté, tout en maintenant leur distinction, à les réunir, en un sens plus large et plus étendu, sous une même catégorie. Peut-être deux fractions d'une seule race, séparées dès leur naissance, ont-elles produit parallèlement, sous l'empire de causes analogues, suivant des données psychologiques presque semblables, et peut-être avec une certaine conscience réciproque de leur œuvre, ces deux systèmes de langues, dont l'air de famille nous frappe, malgré la radicale diversité qui empêche de les réunir dans un seul groupe naturel. Le fait des naissances jumelles semble se retrouver quand il s'agit des races : une même émission de vie peut se partager entre deux êtres animés d'un même souffle, et pourtant distincts dès le premier jour.

Un phénomène semblable se présente dans l'Asie orientale. Toutes les langues de cette région sont frappées d'un même caractère : monosyllabisme, absence de flexions grammaticales, importance du ton pour différencier les syllabes. Et pourtant, le chinois, le coréen, l'annamique, le siamois sont, au fond, des langues profondément différentes, non dans leur système, qui souffre peu de variété, mais dans le matériel de leurs sons. On dirait qu'une seule famille de l'espèce humaine, prédestinée par sa constitution intellectuelle à former son langage sur le même type, a créé séparément ces idiomes sur des points divers. Ajoutons que la race chinoise paraît se rattacher par ses caractères physiologiques à la race tartare, tandis que par sa langue elle n'a avec cette dernière presque rien de commun.

L'étude du copte, du berber, du touareg, du galla, du harari, et en général des langues de l'Afrique septentrionale et orientale, conduit à un ordre de conceptions analogues[1]. Le fond du vocabulaire de ces idiomes est radicalement différent des langues sémitiques, et pourtant il y a dans leur système des membres entiers qui semblent empruntés à l'édifice de ces dernières langues, par exemple, les pronoms, les noms de nombre, des particularités essentielles du mécanisme de la conjugaison. Il est difficile d'admettre que ces emprunts aient eu lieu à une époque historique et se soient faits avec une intention réfléchie. Les emprunts linguistiques que nous pouvons suivre dans l'histoire n'ont point atteint de telles proportions : le turc, une des langues qui se sont le plus altérées par contact, a conservé sa gram-

---

[1] Voir en particulier R. Burton, *First footsteps in East Africa* (London, 1856), append. II.

maire parfaitement pure ; le persan a pris à l'arabe des pierres sèches, si j'ose le dire, et non le ciment qui les unit; les Japonais et les Coréens n'ont introduit dans leur langue presque tout le matériel de la langue chinoise que parce que cette langue leur paraissait inséparable des sciences et des arts, qu'ils empruntaient à la Chine[1]. Mais il n'est jamais arrivé qu'une nation ait emprunté à une autre des éléments sans lesquels son idiome eût été incomplet, ou plutôt n'eût pas existé. Comment concevoir qu'avant leurs relations avec les peuples sémitiques, les peuples de l'Égypte, de l'Atlas, de l'Éthiopie n'eussent pas de pronoms, pas de noms de nombre, pas de conjugaison régulière? Les faits susdits doivent donc être envisagés comme sortant de l'ordre des révolutions historiques, et appartenant à une époque où les langues conservaient

---

[1] Le pehlvi ou huzwaresch présente un cas de mélange bien plus intime, opéré à une époque assez moderne. Mais tout porte à croire que cet idiome bizarre n'a jamais été parlé, et qu'il n'y faut voir qu'un style artificiel, créé sous l'influence de certaines prétentions ou de certaines nécessités littéraires. V. Spiegel, *Grammatik der Huzwareschsprache* (Vienne, 1856), p. 165.

encore leur nature fusible et malléable. Il nous est difficile de préciser la nature du rapport qui dut exister à l'origine pour produire un pareil mélange. Disons seulement que la constitution molle et impressionnable de l'homme enfant permettait des combinaisons devenues impossibles, depuis que la nature humaine a contracté en vieillissant une sorte de roideur.

L'Océanie offre un nouvel exemple de cette propriété de se combiner d'une manière organique, que la plupart des langues ont perdue, mais que certaines familles ont pu conserver plus longtemps que d'autres, précisément parce qu'elles sont restées à l'état sporadique et sans constitution arrêtée. Les langues polynésiennes et les langues malaises offrent entre elles une très-grande inégalité de développement, et pourtant il est difficile de méconnaître leur parenté primitive. On dirait une famille humaine scindée dès une époque anté-historique en deux branches, dont l'une a rencontré des circonstances beaucoup moins favorables que l'autre et a totalement dégénéré. La vie n'est revenue aux idiomes en quelque sorte amaigris et desséchés de la Polynésie que par une forte infusion des langues plus nobles de la Malaisie, qui, à des époques relativement modernes, ont exercé sur tout l'archipel une influence décisive, et ont introduit dans les idiomes océaniens des distinctions de genre, des modalités, des tournures qui leur étaient auparavant inconnues [1].

Par là s'explique le phénomène, en apparence contraire à tous les principes, des langues intermédiaires, qui semblent faire le passage d'une famille à l'autre, comme le copte et le berber sur les confins du sémitisme, le tibétain et le barman à la limite des idiomes monosyllabiques. Conclure de l'existence de ces langues intermédiaires que les familles n'ont pas de limites déterminées et qu'elles se fondent l'une dans l'autre par des nuances insensibles, ce serait méconnaître d'autres faits non moins certains. Une seule hypothèse est possible : c'est celle d'une fusibilité primitive du langage, où les langues, comme des

---

[1] Logan, *Journal of the Indian Archipelago and Eastern Asia*, (Pinang) 1850-1855, et, en particulier, décembre 1852, p. 665 et suiv. — A. Maury, *Revue des Deux Mondes*, avril 1857, p. 912.

corps simples parfaitement distincts, ont pu contracter entre elles des soudures profondes, et se pénétrer l'une l'autre à un degré devenu presque inconcevable dans l'état actuel de l'esprit humain.

La question de l'indépendance originelle des différents groupes de langues n'est donc pas aussi simple qu'elle le paraît d'abord. Elle admet des degrés : des familles de langues apparues isolément ont pu avoir des contacts féconds, à une époque où elles étaient encore susceptibles de se réformer. On ne peut trop soigneusement distinguer, quand il s'agit des langues, l'état embryonnaire, durant lequel des accidents indifférents à l'âge adulte ont pu avoir une importance capitale, de l'état parfait, où elles sont fixées, pour ainsi dire, dans un moule définitif. L'état embryonnaire des langues a pu durer fort peu de temps; mais il a existé, et à ce moment, où se formait l'individualité des races, la nature humaine, encore flexible, a dû recevoir pour l'éternité des traces profondes. On peut dire avec vérité que le sort de chaque être se détermine dans le sein de sa mère, de même que, sur le sommet des montagnes, au point où se fait la séparation des eaux, un pli de terrain décide du cours des plus grands fleuves, et les prédestine à porter leurs eaux à telle ou telle mer.

En résumé, le langage s'est formé sur plusieurs types différents, et le nombre des langues-mères peut avoir été assez considérable [1]. Mais on ne saurait rien conclure de là sur les origines matérielles de l'espèce humaine : car le langage nous représente non le premier moment d'existence matérielle de l'humanité, mais le premier moment social ; les

---

[1] Les Hébreux, qui, parmi les peuples de l'antiquité furent en possession des idées les plus étendues sur l'histoire générale du monde, eurent le vague sentiment de ce fait. Le mythe de la tour de Babel semble être en partie le résultat d'un effort pour concilier la diversité des langues avec l'unité primitive de l'espèce humaine, dogme essentiellement lié au monothéisme sémitique. M. Grimm a remarqué qu'on ne rencontre aucune idée de ce genre dans l'antiquité indo-européenne : il n'a trouvé à comparer au mythe hébreu qu'une légende estonienne fort défigurée. *Ueber den Ursprung der Sprache*, p. 29. Cf. Pott, *Die Ungleichheit menschlicher Rassen* (Lemgo et Detmold, 1856), p. 88.

familles irréductibles du langage nous représentent non des races physiologiquement différentes, mais des groupements primitifs, qui ont pu ne pas se régler uniquement sur la physiologie. Les langues-mères créées isolément ont été d'ailleurs fort inégalement différentes. Tantôt elles ont été l'œuvre de races congénères, comme cela a eu lieu pour les langues indo-européennes et les langues sémitiques, et alors elles ont porté dans leur diversité un certain air général de ressemblance : tantôt elles ont été l'œuvre de races tout à fait séparées, comme cela a eu lieu pour le chinois et les autres familles, et alors la dissemblance a été absolue [1]. Telle est, en effet, la richesse des procédés de l'esprit humain qu'entre les deux langues qui diffèrent le plus, le chinois et le sanscrit, il n'y a absolument de commun qu'une seule chose, le but à atteindre. Ce but, qui est

---

[1] Ces vues se trouvent en parfait accord avec celle qu'un linguiste éminent, M. Pott, a récemment émises : *Die Ungleichheit menschlicher Rassen*, p. 202 et suiv., 242 et suiv., 271 et suiv. J'ai apprécié ailleurs (p. 40 et suiv.) la tentative de MM. Bunsen et Müller pour établir la possibilité d'une origine commune de toutes les langues.

l'expression de la pensée, le chinois l'atteint aussi bien que les langues grammaticales, mais par des moyens complétement différents [1].

---

[1] Voir les curieuses réflexions du Chinois Hiouen-Thsang sur la nature de la langue sanscrite dans l'*Histoire de la vie de Hiouen-Thsang*, traduite par M. Stanislas Julien, p. 166 et suiv.

XI

Est-il possible de déterminer quelques-uns des points sur lesquels le langage fit son apparition? On le peut sans trop d'invraisemblance pour la race indo-européenne. Quelque hardie que puisse paraître au premier coup d'œil cette assertion, il faut, avant de la repousser comme chimérique, peser les faits sur lesquels on croit pouvoir l'appuyer[1].

[1] V. surtout Lassen, *Indische Alterthumskunde*, I, p. 511 et suiv.

Parmi les branches diverses de la race indo-européenne, il en est deux dont les souvenirs fournissent, sur le sujet qui nous occupe, des inductions précises et aboutissant exactement au même résultat : ce sont les branches hindoue et iranienne. Si nous étudions le *Rig-Véda*, qui est le recueil le plus ancien des chants de la race indo-européenne, nous sommes forcés d'assigner pour séjour au peuple qui les composa, non les bords du Gange, mais une région bien plus septentrionale et occidentale. Les parties les plus antiques de ce recueil paraissent avoir été créées dans le Penjab ou même dans le Caboul [1]. Les bords de la Sarasvati [2], qui sont la localité précise le plus anciennement désignée dans les hymnes du *Rig*, nous portent de même vers les frontières du Penjab. Que la race qui parle sanscrit ne soit pas indigène de l'Inde, qu'elle s'y soit répandue en procédant du nord au sud, comme une

---

[1] Weber, *Akad. Vorlesungen über indische Literaturgeschichte* (Berlin, 1852), p. 3.

[2] C'est la rivière nommée sur les cartes *Caggar* ou *Gagur*, qui se perd dans les sables avant d'atteindre l'Indus.

race aristocratique et conquérante, distinguée par sa couleur blanche du teint coloré des anciens habitants, c'est un point sur lequel les démonstrations de M. Lassen ne peuvent laisser absolument aucun doute. Il faut donc rattacher l'origine du sanscrit et de la race qui le parlait à un point situé hors de l'Inde, d'où aient pu rayonner également les autres branches de la famille indo-européenne.

Un fait capital, constaté pour la première fois par MM. Burnouf et Lassen [1], et qui depuis a reçu d'éclatantes confirmations, présente ici à la critique un véritable sillon de lumière; je veux parler de l'intime affinité qui a dû exister à une époque reculée entre la race iranienne, dont le séjour primitif était la Bactriane, la Sogdiane et les contrées voisines [2], et la race brahmanique. Une foule de mythes et d'expressions sacramen-

---

[1] Burnouf, *Commentaire sur le Yaçna*, t. I, p. 78, 424, 527, etc.; Lassen, *op. cit.*, p. 516 et suiv. Cf. Spiegel, *Avesta* (trad.), p. 5 et suiv.

[2] Toute la géographie du Zend-Avesta se rapporte à ces régions.

telles se retrouvent des deux parts avec la plus frappante identité. En est-il de plus évident exemple que la coïncidence parfaite du mythe iranien de Jima (le Djemschid des Persans modernes), donné comme le fondateur de l'agriculture et le premier civilisateur, avec ce que les Brahmanes racontent de Yama [1]? Les travaux de M. Haug sur la partie métrique du Yaçna, où il faut voir, selon lui, un reste des Védas de la Perse, établiront d'une manière plus éclatante que jamais cette communauté d'origine, et nous feront toucher du doigt les causes qui amenèrent la rupture religieuse entre les deux familles, dont l'une devint le noyau de l'Inde brahmanique, et l'autre de la Perse iranienne. Le problème se trouve ainsi fort resserré : il faut trouver un point où la race iranienne et la race hindoue aient pu cohabiter. La Bactriane, ou une région plus septentrionale encore, satisfait seule à toutes ces exigences : en combinant les données de la géographie et de

---

[1] Lassen, l. c. et Westergaard, *Beitrag sur altiranischen Mythologie*, traduit par Spiegel, dans les *Indische Studien* de Weber, t. III, p. 402 et suiv.

l'histoire, on est amené presque forcément à supposer que la race brahmanique est entrée dans l'Inde vers Attok, par les passes occidentales de l'Hindou-Kousch, qui, plus tard, ont ouvert la vallée du Gange à Alexandre, à Mahmoud le Gaznévide, et en général à tous les conquérants et à tous les voyageurs venus du nordouest.

Il importe de remarquer que la force des raisonnements qui précèdent ne repose pas sur la valeur intrinsèque des traditions hindoues ou iraniennes relatives au berceau de l'espèce humaine. Ces traditions pourraient être considérées comme des fables conçues *a priori* et sans aucune réalité historique, que nos inductions conserveraient tout leur poids, puisqu'elles se fondent uniquement sur des faits géographiques et linguistiques scientifiquement établis. Si maintenant nous examinons les traditions en elles-mêmes, nous serons amenés à faire une grande différence entre celles de la race hindoue et celles de la race iranienne. Les traditions de la race hindoue sur les origines de l'humanité n'ont aucun caractère précis. Sans doute, la race hindoue semble toujours tourner ses yeux vers le nord : là est pour elle le séjour des dieux ; là est le mont Mérou, point de départ de toute la géographie brahmanique ; là est l'*Outtara-kourou*, sorte d'Eden primitif. Mais M. Lassen hésite, non sans motif, à voir dans ces données mythiques la trace d'un souvenir réel : il pense que la vénération qui s'attache à la chaîne de l'Himalaya et d'autres causes indépendantes des événements de l'histoire ont pu porter les Brahmanes à rattacher au nord l'idée de tout ce qui est primitif et sacré[1]. Plus récemment, cependant, M. le baron d'Eckstein a essayé de montrer par d'ingénieuses combinaisons que plusieurs traditions brahmaniques, et en particulier celles de l'*Outtara-kourou* et du mont Mérou lui-même, ont une valeur historique et nous reportent vers la Sérique des anciens[2]. Quoi qu'il en soit, les souve-

---

[1] *Op. cit.* p. 511 et suiv.
[2] *De quelques Légendes brahmaniques qui se rapportent au berceau de l'espèce humaine* (Paris, 1856), p. 46, 47, 58, 153 et suiv.

nirs iraniens ont ici un caractère de netteté qui leur assigne un rang à part entre toutes les légendes primitives. Le berceau de la race arienne, l'*Airjanem Vaégô*, est clairement localisé dans une région septentrionale, où Ahriman fait régner dix mois d'hiver; de là la race arienne, pour fuir le froid, descend vers Sughdha, la Sogdiane et vers des contrées plus méridionales [1]. La montagne et le fleuve sacrés des Iraniens, le Berezat (Bordj des Persans modernes, centre du monde et source des eaux, et l'Arvand, qui en découle, nous transportent vers les sources de l'Oxus et de l'Iaxarte. Burnouf a démontré, d'une manière qui laisse à peine place au doute, que le Berezat est le Bolor ou Belourtag et que l'Arvand est l'Iaxarte [2]. Il est vrai que les noms de Berezat et d'Arvand ont servi plus tard à dési-

---

[1] V. K. Ritter, *Erdkunde*, VIII, Asien VI, I" part. p. 29-31, 50-69; Haug, *Der erste Kapitel des Vendidâd*, dans Bunsen, *Egyptens Stelle in der Weltgeschichte*, dern. vol., p. 104-137; Kiepert, dans les *Monatsberichte der kœn. preuss. Akad. der Wiss. zu Berlin*, déc. 1856, p. 621-647; Spiegel, *Avesta* trad., t. I, p. 4 et suiv., 59 et suiv.

[2] *Commentaire sur le Yaçna*, I, p. 239 et suiv., CXI et suiv, CLXXXI et suiv.

signer des montagnes et des fleuves fort éloignés de la Bactriane : on les trouve successivement appliqués à des montagnes et à des fleuves de la Perse, de la Médie, de la Mésopotamie, de la Syrie, de l'Asie Mineure, et ce n'est pas sans surprise qu'on les reconnaît dans les noms classiques de l'*Oronte* de Syrie et du *Bérécynthe* de Phrygie. Mais c'est là un effet du déplacement que subissent toutes les localités des géographies fabuleuses. Les races portent avec elles dans leurs migrations les noms antiques auxquels se rattachent leurs souvenirs, et les appliquent aux montagnes et aux fleuves nouveaux qu'elles trouvent dans les pays où elles s'établissent. La géographie primitive des peuples sémitiques, dont nous parlerons tout à l'heure, fournit un exemple frappant de ce procédé de transposition.

M. Kiepert [1], en acceptant comme démontrée la position de l'*Airjanem Vaêgô* dans le Belourtag, aux environs des sources de l'Oxus et du

---

[1] *Monatsberichte der kön. preuss. Akad. der Wiss. zu Berlin*, déc. 1856, p. 630 et suiv.

Iaxarte, fait, il est vrai, une réserve dont il y a grand compte à tenir : rien ne nous prouve, suivant ce docte géographe, que la région où la race iranienne a attaché ses plus vieilles traditions soit son berceau primitif; il se peut que, par un mirage dont il y a plus d'un exemple dans les géographies traditionnelles, cette race ait pris pour son point de départ la plus ancienne station dont elle se souvenait. On ne peut nier que beaucoup d'indices ne portent à reculer le point d'apparition des Ariens plus au nord et plus à l'est encore. Mais ce dont il s'agit ici, c'est de déterminer autant que possible, non le point où cette race naquit à la vie matérielle, mais celui où elle naquit à la conscience : or, pour cela la détermination du point où s'attachent ses souvenirs les plus antiques est, on l'avouera, d'un intérêt capital.

On arrive ainsi à constituer, dans la région alpestre que les anciens désignaient du nom d'Imaüs, un berceau primitif, dont les peuples s'appelaient *Ariens* (vénérables)[1], par opposition

---

[1] Burnouf, op. cit. p. XCIII et suiv., CV et suiv.

aux races inférieures (*Mletchha*, *Welsches*) dont ils étaient entourés. Le nom d'*Arie* désigna ensuite des pays beaucoup plus méridionaux, à mesure que la race dont nous parlons descendit vers le sud; mais il est certain que les progrès de la science portent à reculer de plus en plus l'Arie primitive vers le nord. Les populations du versant oriental du Belourtag et du Mustag, celles de Kaschgar, d'Aksou, de Iarkand, de Khoten, ont été dans l'antiquité et sont encore en partie ariennes[1]. Le vaste plateau de Pamer ou Pamir, surtout, attire d'une façon particulière l'attention de l'ethnographe. Burnouf tirait son nom de *Upa-mérou* (pays au-dessus du Mérou, le Mérou des hommes, dénomination parallèle à *Sou-mérou*, le Mérou supérieur, le Mérou des dieux, et à *Kou-mérou*, le dessous du Mérou, l'enfer[2]). Dans

---

[1] Lassen, op. cit. p. 527; Burnouf, op. cit. p. CV et suiv. M. Kiepert pense, il est vrai, que les Iraniens de Kaschgar et des autres villes de la petite Boukharie proviennent d'émigrations modernes (loc. cit. p. 630, note.)

[2] D'Eckstein, mém. cité, p. 40. Rapprochez le mythe paradisiaque des Μέροπες chez les Grecs et l'expression μέροπες ἄνθρωποι (les hommes issus du Mérou?) Peut-être le Kouméorou se retrouve-t-il aussi dans les Κιμμέριοι.

toute l'Asie, le plateau de Pamir est considéré comme le *faîte*, le *dome du monde* (*bami-dunia*), le milieu entre le ciel et la terre. Les plus grands fleuves de l'Asie découlent du massif auquel il se rattache, et de vieilles relations y placent des peuples blonds, à prunelles bleues-vertes, dans lesquels M. A. de Humboldt voit des Ariens[1]. Il semble que nous touchons ici le point d'attache de toute cette géographie mythique, que l'on trouve avec une si frappante identité chez les peuples qui ont gardé de vieux souvenirs.

Un fait bien remarquable, en effet, c'est que des inductions, non sans doute aussi fortes que celles qui viennent d'être exposées, mais solides encore, nous engagent à placer vers le même point le berceau de la race sémitique[2]. Le second chapitre de la Genèse nous présente une géographie traditionnelle, qui n'a aucun lien avec la géographie ordinaire des Hébreux, et qui offre au contraire des ressemblances étonnantes avec le sys-

---

[1] *Asie centrale*, II, 389 et suiv.
[2] V. *Hist. génér. des langues sémit.*, l. V, c. II, § 3.

tème des Iraniens. Le Phison, qui sort du jardin d'Eden, situé à l'orient, est très-probablement le haut Indus, et le pays de Havila, où se trouvent l'or et les pierres précieuses, semble bien être le pays de Darada (vers Cachemire), célèbre par ses richesses. Le Gihon est l'Oxus, et c'est sans doute par une substitution de noms plus modernes que nous trouvons le Tigre et l'Euphrate placés à côté des deux fleuves précités. Qui sait même si le royaume d'*Oudyâna*, ou du *jardin*, situé vers Cachemire, ne nous cache pas l'origine du nom sémitisé d'*Eden*? Tout nous porte ainsi à placer l'Eden des Sémites au point de séparation des eaux de l'Asie, à cet ombilic du monde que toutes les races semblent nous montrer du doigt comme le point où se rencontrent leurs plus anciens souvenirs. Dira-t-on que les traditions hébraïques dont nous venons de parler sont un emprunt fait à celles de l'Avesta? Cela est bien difficile à soutenir : car l'influence des idées avestéennes n'est sensible chez les Juifs qu'à partir de leur sujétion aux princes achéménides. Avant cette époque, la religion de Zoroastre n'avait fait aucune apparition importante hors de la Bactriane. Or, il est impossible de placer la dernière rédaction des premiers chapitres de la Genèse après la captivité. Ces antiques récits furent sans contredit fixés dans la forme où nous les possédons bien avant qu'Israël fût entré en rapport avec le haut Orient.

Saluons ces sommets sacrés, où les grandes races qui portaient dans leur sein l'avenir de l'humanité contemplèrent pour la première fois l'infini, et inaugurèrent les deux faits qui ont changé la face du monde, la morale et la raison. Quand la race arienne sera devenue, après des milliers d'années d'efforts, maîtresse de la planète qu'elle habite, son premier devoir sera d'explorer cette région mystérieuse de la Boukharie et du Petit-Thibet, qui cache peut-être à la science de si précieuses révélations. De quelles lumières ne s'éclairera pas l'origine du langage le jour où l'on se trouvera en face de ces lieux où furent proférés pour la première fois les sons dont nous nous servons encore, et où furent créés les catégories intellectuelles qui dominent l'exercice de nos facultés! De même que les années de la complète maturité n'égalent point en féconde curiosité les premiers mois où s'éveille la conscience de l'enfant; de même aucun lieu dans le monde n'a eu un rôle comparable à celui de la montagne ou de la vallée sans nom où l'homme arriva à se reconnaître. Soyons fiers tant qu'il nous plaira des progrès de notre réflexion; mais n'oublions jamais que tous ces progrès ne nous dispensent pas de recourir, pour exprimer notre pensée, aux sons et aux formes grammaticales choisis spontanément par les patriarches antiques qui, au fond de l'Imaüs, jetèrent les fondements de ce que nous sommes et de ce que nous serons.

Il ne nous est point permis de parler des autres races, dont les rapports primitifs avec les Ariens et les Sémites ne sont point encore déterminés. Disons seulement que les races mongoles rattachent aussi leurs origines au Thian-Chan et à l'Altaï, et que si les races finnoises semblent plutôt désigner l'Oural, c'est sans doute parce que cette chaîne leur dérobe la vue d'un plan de montagnes plus reculé. La race arienne et la race sémitique, d'ailleurs, étant destinées à conquérir le monde et à ramener l'espèce humaine à l'unité, le reste ne compte vis-à-vis d'elle qu'à titre d'essai, d'obstacle ou d'auxiliaire, et avoir retrouvé leurs origines, c'est vraiment avoir trouvé celles de l'humanité.

Encore moins est-il permis de parler d'époque, quand il s'agit d'un phénomène qui semble relégué pour nous dans les nuages d'un passé sans bornes. La réflexion cependant détruit quelque peu sur ce point le mirage où l'imagination voudrait se perdre. En présence de langues aussi intactes que le zend et le sanscrit, il est difficile d'admettre que la tribu arienne primitive, que nous touchons presque historiquement, ait eu de longs siècles d'existence réfléchie anté-historique. Quand nous comparons le sanscrit védique au pali, nous sommes frappés de la puissante action que le temps a pu exercer sur le métal pourtant si dur de l'idiome brahmanique. Il semble que si l'idiome des Védas ou le zend étaient eux-mêmes des formes corrompues de langues antérieures, nous nous trouverions en présence d'idiomes beaucoup plus fatigués et plus différents l'un de l'autre, comme sont le persan moderne et l'hindoustani. Les traits communs que l'on remarque entre les religions des peuples indo-européens, et surtout la communauté primitive des institutions religieuses de la race brahmanique et de la race iranienne, brusquement interrompue par une sorte de schisme, dont nous saisissons les causes, donnent lieu au même raisonnement. Enfin, si la race indo-européenne était aussi ancienne dans l'histoire qu'on est d'abord tenté de le supposer, on ne comprendrait pas comment quelques-unes de ses branches les plus actives, les Germains, par exemple, sont entrés si tard sur la scène du monde, et comment d'autres branches, telles que les Slaves, n'arrivent que de nos jours à la conscience. Supposons la race arienne développée dès une époque aussi reculée que la race chinoise, ou la race égyptienne, ou la race indigène de la Babylonie, il semble qu'elle fût arrivée bien plus tôt à les dominer : or, avant l'empire achéménide, nous ne trouvons aucun grand empire arien, vraiment conquérant. Que l'on songe qu'à cette époque la race chamitique avait déjà perdu toute vertu, que la Chine était arrivée depuis longtemps à ce degré d'absorption administrative dont le *Tchéou-li* nous offre l'étonnant tableau, et qui ressemble si fort à la décrépitude ! Il y avait dans le monde des civilisations matérielles brillantes, des rois, des empires organisés, quand nos ancêtres étaient encore de lourdes créatures, analogues au paysan allemand ou bas-breton. Et c'étaient pourtant ces austères patriarches qui, au milieu de leur famille chaste et soumise, grâce à leur fierté, à leur culte du droit, à leur attachement aux usages, à leur pudeur, fondaient pour l'avenir. Leurs idées, leurs mots devaient devenir la loi du monde moral et du monde intellectuel. Ils créaient les mots éternels qui, avec bien des changements de nuances, devaient devenir *honneur, bonté, vertu, devoir*.

Nous le répétons encore : il ne peut être question dans tout ce paragraphe des origines physiques de l'humanité, qu'un nuage épais nous dérobe, et dont le physiologiste seul doit s'occuper. Nous n'avons entendu parler que du moment où l'homme naquit à la réflexion, moment qui fut sans doute contemporain de l'apparition du langage. Nous croyons avoir montré qu'il n'est pas trop téméraire de désigner d'une manière approximative les régions centrales de l'Asie comme le point du globe où se passa ce fait décisif, au moins pour la race qui a créé les langues dont nous nous servons ainsi que presque tous les peuples civilisés.

XII

Telles sont les inductions principales que l'état actuel de la science nous permet de tirer sur les procédés que l'esprit humain a suivis dans la création du langage. Quelle que soit la portée de ces inductions, il faut avouer que bien des choses restent et resteront toujours inexpliquées dans les problèmes d'origine, à cause de l'impossibilité où nous sommes de les concevoir et de les formuler. « Comment exprimer un point de vue spontané dans des langues dont tous les termes sont fortement déterminés, c'est-à-dire sont fortement réflexifs[1]? » L'humanité, à ces époques reculées, était soumise à des influences qui n'ont plus maintenant d'analogues, ou qui ne sauraient plus amener les mêmes effets. A la vue des produits étranges de l'activité des premiers âges, à la vue de tant de faits qui semblent en dehors de l'ordre accoutumé de l'univers, nous serions tentés de supposer dans le monde primitif des lois particulières, maintenant privées d'exercice. Mais il n'y a pas dans la nature de gouvernement temporaire ; ce sont les mêmes lois qui régissent aujourd'hui le monde, et qui ont présidé à sa naissance. La formation des différents systèmes de planètes et de soleils, l'apparition des êtres organisés et de la vie, celle de l'homme et de la conscience, les premiers actes de l'humanité ne furent que le développement d'un ensemble de lois posées une fois pour toutes, sans que

---

[1] Cousin, *Fragm. philosoph.*, t. I, p. 361. (3e édit).

jamais l'agent suprême qui conforme son action à ces lois ait interposé une volonté spéciale et exceptionnelle dans le mécanisme des choses. Sans doute tout est fait par la cause infinie; mais la cause infinie n'agit pas par des motifs partiels, par des *volontés particulières*, comme le disait Malebranche[1]. Ce qu'elle a fait est et demeure le meilleur; les moyens qu'elle a établis sont et demeurent les plus efficaces. Le miracle (et toute intervention particulière de la divinité dans la série des faits de la nature ou de l'histoire serait un miracle), le miracle, dis-je, loin d'être une preuve de puissance divine, serait un aveu d'impuissance, puisque la divinité corrigerait par là son premier plan et en montrerait l'insuffisance. Laquelle est la plus parfaite d'une horloge où il est nécessaire que la main de l'ouvrier intervienne par moments, ou d'une horloge qui, une fois montée, continue indéfiniment de marcher par la seule force de son mécanisme intérieur?

L'expérience, du reste, est en pareille matière

---

[1] *Méditations chrétiennes*, 7ᵉ Méditation.

la seule autorité à invoquer. C'est elle qui a banni définitivement du monde des faits (les considérations de substance nous échappent ici) les agents intentionnels et les volontés libres, autres que celle de l'homme. Les peuples anciens expliquaient la nature par des causes personnelles : pour l'Arien, les éléments étaient autant de forces vivantes ; pour les Sémites, un maître suprême avait tout créé et continuait de tout gouverner. La science, au contraire, part de cette hypothèse que le monde est régi par des lois invariables, et que tous les faits de la nature peuvent être rigoureusement calculés sans crainte d'erreur. Cette hypothèse, qui ne saurait être démontrée par des raisonnements abstraits, ne s'est pas trouvée une seule fois démentie. Supposons des fourmis établies dans le voisinage de l'homme, et capables de spéculations rationnelles sur le petit monde qui est à leur portée : la régularité des phénomènes naturels les frapperait comme nous ; mais leurs théories seraient quelquefois renversées par des forces inconnues qui leur apparaîtraient comme en dehors de toute prévision : l'homme serait pour elles ce qu'est la divinité dans la théologie vulgaire, une cause variable, agissant par des desseins impossibles à sonder. Nous sommes pleinement autorisés à dire qu'une telle cause n'existe pas au-dessus de l'homme. L'homme seul, dans une mesure bien réduite sans doute, mais qui s'agrandira de plus en plus, change le cours des choses, et les force à être dans le détail autrement qu'elles n'auraient été sans lui. Les lois de la physique et de la chimie n'ont pas été une seule fois troublées. Depuis que l'école d'Ionie, héritière sans doute de plus vieilles traditions, a commencé à observer la nature, nul agent libre ne s'y est révélé ; aucun miracle ne s'est produit dans des conditions vraiment scientifiques, en présence de juges compétents. Or, si l'action d'une volonté supérieure, s'exerçant en dehors des lois ordinaires, avait quelque place dans le gouvernement de l'univers, cette action se trahirait par certains faits qui déjoueraient les calculs. Sans doute tous les phénomènes de la nature sont loin d'être expliqués, car la science est encore à l'état d'enfance; mais tous seraient explicables, si nous étions plus savants. Il a fallu deux ou trois mille ans de réflexion scientifique pour que l'on soit arrivé à rattacher la foudre à sa véritable cause, l'électricité; néanmoins Thalès de Milet avait déjà droit de sourire, quand il entendait attribuer les phénomènes météorologiques à la volonté capricieuse de Jupiter.

Mais comment, dira-t-on, expliquer par un même système de lois des effets si divers? Pourquoi les faits étranges qui se passèrent à l'origine ne se reproduisent-ils plus, si les lois qui les amenèrent subsistent encore? C'est que les circonstances ne sont plus les mêmes : les causes occasionnelles qui déterminaient les lois à produire ces grands phénomènes n'existent plus. En général, nous ne formulons les lois de la nature que telles qu'elles existent dans l'état actuel; or, l'état actuel n'est qu'un cas particulier. C'est comme une équation partielle tirée par une hypothèse limitée d'une équation plus générale. Appliquée dans des milieux différents, une même loi produit des effets tout divers; que les mêmes circonstances se représentent, les mêmes effets reparaîtront. Si quelque chose résulte, en effet, du travail de révision auquel les principales lois de la physique ont été soumises depuis quelques années, c'est que ces lois ne sont vraies qu'en un certain état moyen et qu'elles cessent de se vérifier dans les cas extrêmes. Il en est de même des lois de la vie : les conditions les plus essentielles de la génération et de la fixité des espèces se trouvent bouleversées, quand il s'agit des êtres placés à la limite du règne animal. Or, la nature des époques primitives dut être à peu près à la nature actuelle comme le monde des polypes et des acalèphes est au monde des vertébrés.

Il n'y a donc pas deux ordres de lois, qui alternent entre eux pour remplir réciproquement leurs lacunes et suppléer à leur insuffisance ; il n'y a pas d'*interim* dans la nature : la création et la conservation s'opèrent par les mêmes moyens, agissant dans des circonstances diverses. Quelles combinaisons inouïes ne durent pas amener les bouleversements dont notre globe porte les traces, et dont la paléontologie nous atteste l'étonnante fécondité! Et quand l'homme apparut sur ce sol encore créateur, sans être allaité par une femme ni caressé par une mère, sans les leçons d'un père, sans aïeux ni patrie, songe-t-on aux faits étranges qui durent se passer dans son intelligence, à la vue de cette nature féconde, dont il commençait à se séparer? Il dut y avoir dans ce premier éveil de l'activité humaine une énergie, une spontanéité dont rien ne saurait maintenant nous donner une idée. Le besoin est la cause occasionnelle de l'exercice de toute faculté. L'homme et la nature créèrent, tandis qu'il y eut un vide dans le plan des choses; ils oublièrent de créer, sitôt qu'aucune nécessité intérieure ne les y força. Ce n'est pas que dès lors ils aient compté une puissance de moins; mais les facultés créatrices, qui à l'origine s'exerçaient sur une immense échelle, privées désormais d'aliment, se trouvèrent réduites à un rôle obscur, et comme acculées dans les recoins de la nature. Ainsi la force organisatrice, qui fit apparaître tout ce qui vit [1], se

---

[1] Cette assertion ne repose point sur les faits plus ou moins controversés entre les naturalistes qu'on a coutume de citer.

conserve encore dans une proportion imperceptible aux derniers degrés du règne animal; ainsi les facultés spontanées de l'esprit humain se retrouvent dans les faits de l'instinct, mais amoindries et presque étouffées par la réflexion; ainsi le génie créateur du langage est encore celui qui préside à ses révolutions : car la force qui fait naître est celle qui fait vivre, et développer est en un sens créer. Si l'homme perdait le langage, il l'inventerait de nouveau. Mais il le trouve tout fait ; dès lors sa puissance créatrice, dénuée d'objet, s'atrophie faute d'être exercée. L'enfant jouit de même à un haut degré de la faculté expressive; mais il la perd sitôt que l'éducation du dehors vient rendre inutile la force qu'il possède au dedans.

Elle repose sur un raisonnement bien simple. Il y a eu une époque où notre planète ne possédait aucun germe de vie organisée. Donc la vie organisée y a commencé sans germe antérieur. Toutes les apparitions nouvelles qui ont eu lieu dans le monde se sont faites, non par l'acte incessamment renouvelé d'un être créateur, mais par la force intime déposée une fois pour toutes au sein des choses. Donc, à un certain moment, la vie est apparue sur la surface de notre planète par le seul développement des lois de l'ordre naturel.

Qu'on ne dise donc pas : Si l'homme a inventé le langage, pourquoi ne l'invente-t-il plus? La réponse est bien simple : c'est qu'il n'est plus à inventer; l'ère de la création est passée. Les grandes œuvres des temps primitifs, improvisées sous le règne absolu de l'imagination et de l'instinct, au milieu de l'excitation produite par les premières sensations, nous semblent maintenant impossibles, parce qu'elles sont au-dessus de nos facultés réfléchies. Mais cela prouve seulement la faiblesse de l'esprit humain dans l'état plein d'efforts et de sueurs qu'il traverse pour accomplir sa mystérieuse destinée. On serait tenté, à la vue des prodiges éclos au soleil des jours antiques, de regretter que l'homme ait cessé d'être instinctif pour devenir rationnel; mais on se console en songeant que, si dans l'état actuel sa puissance est diminuée, ses créations sont bien plus personnelles, qu'il possède plus éminemment ses œuvres, qu'il en est l'auteur à un titre plus élevé; en songeant surtout que le progrès de la réflexion amènera un autre âge, qui sera de nouveau créateur, mais librement et avec conscience. Souvent l'humanité, en paraissant s'éloigner de son but, ne fait que s'en rapprocher. Aux intuitions puissantes mais confuses de l'enfance succède la vue claire de l'analyse, inhabile à fonder : à l'analyse succèdera une synthèse savante, qui fera avec pleine connaissance ce que la synthèse naïve faisait par une aveugle fatalité. Un peu de réflexion a pu tuer l'instinct ; mais la réflexion complète en fera revivre les merveilles avec un degré supérieur de netteté et de détermination.

FIN.

TABLE ANALYTIQUE

TABLE ANALYTIQUE.

PRÉFACE.

Objet de cet écrit. Difficultés qu'on peut y opposer. Possibilité de résoudre le problème de l'origine du langage. Essai de M. Jacob Grimm sur le même sujet. Objection contre la loi de progrès que M. Grimm croit reconnaître dans le langage. Objections contre un état monosyllabique anté-grammatical. La complexité des idiomes n'est pas en raison de la culture des peuples. La loi de chaque famille de langues fut fixée tout d'abord. Argument que la comparaison des langues sémitiques et des langues ariennes semble offrir pour l'hypothèse d'un premier langage rudimentaire. Réserves avec lesquelles les lois ci-dessus énoncées doivent être admises. Réserves analogues sur ce que nous entendons par spontanéité. Les œuvres spontanées sont à la fois l'œuvre de la foule et l'œuvre d'individus. Action d'une aristocratie intellectuelle dans la formation du langage. Action des classes diverses et peut être des sexes divers. En quel sens il faut entendre l'unité d'une langue. — Idées de M. Steinthal sur l'origine du langage. En quoi elles sont d'accord avec celles que je propose. — Idées de M. Heyse. — Idées de M. Max Müller et de M. Bunsen. Objections contre l'hypothèse d'une famille touranienne. Les langues ne passent pas d'un système à un autre : preuve tirée de l'unité des familles. Le langage de chaque famille était complet au moment où la famille s'est scindée. Le langage fut créé dans des groupes d'hommes peu nombreux. Exemple tiré de la langue arienne primitive : cette langue fut tout d'abord analogue à celles de la même famille que nous connaissons. Impossibilité de révolutions séculaires : la production de chaque famille de langues est un fait primitif. La famille arienne n'est pas un démembrement d'un ensemble plus étendu. — Idées de M. H. Ritter. Réponse à quelques objections. Manière dont il faut entendre les lois de la nature et les formules de la science. 1

I.

Possibilité d'une *Embryogénie* de l'esprit humain. Moyens qui pourraient servir à la créer. Le langage envisagé comme document des époques anté-historiques. Limites dans lesquelles il est permis d'atteindre le langage primitif. 65

II.

Opinions diverses sur l'origine du langage : l'antiquité, le xviii⁰ siècle. Hypothèse d'une invention artificielle et réfléchie : lacunes de cette théorie. Réaction philosophique du commencement du xix⁰ siècle. Le langage envisagé comme une révélation. Sens dans lequel on peut admettre cette expression : impossibilité d'une révélation entendue dans le sens matériel ; prétendus arguments théologiques invoqués en faveur de cette opinion. Création de la philologie comparée ; vues nouvelles qui en résultèrent sur l'origine du langage : Frédéric Schlegel, Guillaume de Humboldt. 73

III.

Le langage a été créé par toutes les facultés humaines agissant spontanément. La parole est naturelle à l'homme : de la distinction d'un langage naturel et d'un langage artificiel. Il n'y a point eu une période de mutisme dans l'histoire de l'humanité. Rien de réfléchi dans la création du langage : en quel sens il est à la fois humain et divin. Point de tâtonnement ni d'opérations artificielles dans le développement d'un système de langues. Impuissance de la réflexion pour réformer le langage : impossibilité d'une langue scientifique ; barbarie et roideur des langues remaniées. Comment les dons spontanés sont en raison inverse des facultés réfléchies. Le mot *difficile* n'a pas de sens appliqué au spontané. Le langage ne s'est pas créé par des juxtapositions successives, mais par l'évolution d'un germe contenant le principe de tous les développements ultérieurs. 89

IV.

Confirmation historique des principes ci-dessus énoncés. Il n'y a pas d'exemple d'une langue qui se soit complétée peu à peu. La grammaire de chaque race a été coulée d'une seule pièce. Apparente exception que présentent les langues sémitiques : hypothèse d'une langue sémitique primitive monosyllabique et sans flexions ; réfutation de cette hypothèse. En quel sens les langues vivent et se développent : immutabilité des familles prises dans leur ensemble ; révolutions dans le sein des familles. 103

V.

Caractères du langage primitif. Diversités qu'il dut offrir. Prédominance de la sensation. Forme concrète de la pensée primitive. La sensation explique les mots, mais non pas la grammaire. Exemple de l'hébreu : caractère sensitif du vocabulaire de cette langue. Manière dont se sont exprimés les sentiments moraux et les idées abstraites. Harmonie primitive du monde physique et du monde moral. Élément de raison pure dans le langage : distinction des mots pleins et des mots vides ou objectifs et subjectifs. 119

VI.

L'onomatopée, loi du langage primitif. Latitude qu'elle laissa aux premiers nomenclateurs : traits d'union qu'elle établit entre les diverses familles. Délicatesse qu'avait la faculté appellative chez les premiers hommes. Impossibilité où nous sommes de ressaisir la trace de leurs sensations :

L'onomatopée n'a pas été le seul procédé de nomenclature. De la relation entre le nom et la chose : le choix du nom n'est jamais ni arbitraire ni nécessaire ; il est toujours motivé.   135

VII.

Autre caractère des langues primitives : synthèse. La simplicité n'est pas antérieure à la complexité. Exemple tiré de la formation des catégories grammaticales. Autre exemple tiré de la conjugaison. Confirmation de ce principe par la philologie comparée, en particulier dans le domaine des langues indo-européennes. L'analyse, principe de décomposition dans le sein de cette famille. Restrictions avec lesquelles la même loi s'applique aux langues sémitiques. Du monosyllabisme envisagé par quelques-uns comme une loi absolue du langage primitif.   151

VIII.

L'exubérance des formes dans les langues primitives : appauvrissement successif des langues. Liberté et apparente irrégularité des langues anciennes. Effets de la culture grammaticale sur le langage. Morcellement et individualité du langage à l'origine. Observation sur les mots qui chez tous les peuples signifient barbare. L'homogénéité du langage est le résultat de la civilisation. Origine des dialectes. Loi que présente le développement du langage sous le rapport des variétés dialectiques. Faits qui établissent la promiscuité primitive des dialectes. 169

IX.

La création humaine du langage prouvée par le parallélisme rigoureux du langage et de l'esprit humain. Rapports des langues et du climat. Rapports des langues et des races : exemples tirés des langues sémitiques et des langues indo-européennes, de la Chine et de l'Égypte. 187

X.

De l'unité primitive du langage. Sens dans lequel il faut maintenir l'unité de l'humanité. Élément apporté dans la question par l'étude des langues : familles irréductibles. Le langage s'est produit sur plusieurs points. Est-on en droit de tirer de là une conséquence anthropologique? Hypothèse d'une race scindée avant la création du langage. Les divisions de races fournies par la philologie comparée ne sont pas celles auxquelles conduit la physiologie. Impossibilité de dériver le système d'une famille du système d'une autre famille : insuffisance des rapprochements tentés jusqu'ici. Affinité très-éloignée des langues sémitiques et des langues indo-européennes; manière de l'expliquer. Faits analogues empruntés aux langues de l'Asie orientale et de l'Océanie. Langues en apparence mixtes, copte, berber. Limites dans lesquelles les langues se font des emprunts : hypothèse d'un état primitivement fluide du langage : contacts embryonnaires. Degrés dans la non-parenté des familles. 199

XI.

Possibilité de déterminer approximativement, pour la race indo-européenne, le point sur lequel le langage est apparu. Inductions tirées des livres de l'Inde et de la Perse. La race brahmanique venue du Nord-Ouest. Son unité primitive avec la race iranienne. Nécessité d'un centre arien vers la Bactriane. Traditions de l'Inde et de la Perse sur le séjour primitif de l'humanité : Outtara-Kourou, mont Mérou, Airjanem Vaêgo, mont Bérézat, fleuve Arvanda. Berceau des Ariens dans le Bolor : plateau de Pamer. Coïncidences des traditions sémitiques avec celles des peuples indo-européens : Éden, Phison, Gihon. L'Imaüs, point de départ des grandes races civilisées. Importance d'une exploration scientifique de ces régions. Vue sur les autres races. De l'âge relatif des langues indo-européennes : jeunesse du sanscrit ; entrée tardive des peuples indo-européens dans l'histoire. 219

XII.

Mystères impénétrables des apparitions primitives. États qui n'ont plus d'analogues. Il n'y a dans la nature ni miracles ni lois intérimaires. Différence des effets provenant de la différence des causes occasionnelles. Les lois de la nature ne sont calculées que pour certains milieux. Pourquoi l'homme et la nature ne créent plus que sur une échelle imperceptible : le plan des choses n'a plus de vides. La liberté console l'homme de la perte de la spontanéité. L'homme redeviendra créateur. 237

FIN DE LA TABLE ANALYTIQUE.

Paris.—Imprimé chez Bonaventure et Ducessois,
55, quai des Augustins.

www.ingramcontent.com/pod-product-compliance
Lightning Source LLC
Chambersburg PA
CBHW070633170426
43200CB00010B/2002